MYŚLI W CIELE

Masz prawo do własnej opinii
na temat skuteczności ćwiczeń
zawartych w tej książce.
Nie musisz wierzyć,
ani zgadzać się z treściami,
które tu proponuję:
możesz sprawdzić,
przekonać się samemu/samej.

Tylko Ty znasz swoje myśli,
tylko Ty, jeśli zechcesz,
możesz na nie wpływać.
Twój wybór jest dobry,
zawsze jest dobry,
bo jest Twój,
bo to Twoje życie.

Sonia Szramek-Karcz

MYŚLI W CIELE

OSOBISTA KSIĄŻKA Z ĆWICZENIAMI

Osobista książka z ćwiczeniami, która zaprasza do odkrywania zależności pomiędzy naszymi myślami a tym, jak ciało na nie reaguje. Mam nadzieję, że pomoże Ci ona, dobry i mądry człowieku, jeszcze lepiej zrozumieć swoje ciało, odczytać uwięzione w nim emocje i przynieść sobie ulgę dzięki zrozumieniu, utuleniu i odpuszczeniu.

PlanetaSoni.pl

Książka wydana przez Planeta Soni Sp. z o. o.
Sprzedaż wysyłkowa przez Internet:
www.planetasoni.pl
Redakcja: Weronika Kander, Ewa Tichoniuk-Wawrowicz
Korekta: Ewa Tichoniuk-Wawrowicz, Marek Czyżkowski, Izabela Mroczek
Konsultacje specjalistyczne: lek. med. Marek Czyżkowski, Justyna Bialik ekspert ustawień systemowych
Projekt okładki, opracowanie graficzne, łamanie i skład tekstu:
DADIO.DESIGN – studio dobrych projektów wydawniczych | www.dadio.design
Zdjęcie na okładce: Izabela Urbaniak
Druk: elpil – druk i oprawa książek | www.elpil.com.pl

Informacje zawarte w książce nie mogą w żadnym wypadku zastąpić wizyty u lekarza, psychologa czy licencjonowanego terapeuty. W szczególności autorka ani wydawca nie ponoszą żadnej odpowiedzialności za decyzje Czytelnika podjęte w oparciu o informacje uzyskane z niniejszej publikacji. Informacje zawarte w niej nie stanowią usług doradztwa psychologicznego ani terapeutycznego i podane zostały wyłącznie w celach informacyjnych i edukacyjnych. Nie należy ich traktować jako bezwzględnych rekomendacji dotyczących prowadzenia terapii ani jako formy świadczenia pomocy psychologicznej.
Praca nad sobą zawsze zależy od specyfiki osobistych doświadczeń i wrażliwości danego człowieka. Czytelnik podejmuje wszelkie decyzje terapeutyczne na własną odpowiedzialność i każdorazowo powinien wziąć pod uwagę swoją indywidualną sytuację emocjonalno-psychologiczną i własne preferencje.

Kontakt:
kontakt@planetasoni.pl
www.planetasoni.pl
ISBN: 978-83-953085-9-8
Wydanie pierwsze
Katowice 2024

TA KSIĄŻKA NALEŻY DO:

Jeżeli ta książka nie należy do Ciebie,
proszę, oddaj ją właścicielowi albo poinformuj mnie o jej odnalezieniu. Dziękuję.
Mail: kontakt@planetasoni.pl | Strona WWW: www.planetasoni.pl | Instagram: @planetasoni

**Tę książkę dedykuję Tobie,
dobry i mądry człowieku.**

Dla babci Marii
i dziadka Karola

SPIS TREŚCI

Dodatkowe materiały do książki znajdziesz na stronie
www.planetasoni.pl

PODZIĘKOWANIA

Niniejsza sekcja należy do najważniejszych dla mnie w każdej z części w serii moich *Osobistych książek z ćwiczeniami*. Pokochałam odczuwanie wdzięczności, dziękowanie na głos i w myślach oraz towarzyszące mu wrażenie unoszenia się ze szczęścia nad ziemią. Dziękując, wpadam w zachwyt.

Dziękuję mojemu mężowi za wspólne 24 lata: 21 lat w małżeństwie i 3 lata znajomości przed ślubem. Mam nadzieję, że wiele, wiele jeszcze czasu razem przed nami. To była (i wciąż jest) moja miłość od pierwszego usłyszenia: najpierw o nim usłyszałam, potem usłyszałam jego głos w słuchawce. Pamiętam do dziś to uczucie: ten głos przeszył moje serce strzałą Kupidyna. Tak jest do dziś, uwielbiam go słuchać, być z nim, tak po prostu spędzać razem czas. Zawsze mnie wspierał i wspiera, rozumiał i rozumie, otaczał i otacza akceptacją. Jest moją najlepszą decyzją życiową. Kiedy było w moim życiu beznadziejnie ciężko, był jak łyk świeżego powietrza, który utrzymywał mnie na powierzchni. Smutki dzielone na pół, szczęście mnożone razy dwa. Dziękuję niezmiernie, choć brakuje mi tu właściwych słów, by tę wdzięczność wyrazić.

Dziękuję moim dzieciom. Dziękuję, że wybrały mnie na swoją mamę, przeszły ze mną tyle trudów: całą transformację, zmianę postawy życiowej, przewartościowanie całego życia. Dzieci mają inne spojrzenie na rodziców, mają swoje filtry, wrażliwość, potrzebę akceptacji. Dziękuję za to, że mogę być mamą moich dzieci.

Dziękuję wszystkim moim nauczycielom, choć wielu z nich pokazało mi, jak nie uczyć, jak nie traktować uczniów, innych ludzi. Po latach terapii i różnych sesji myślę, że osiągnęłam całkiem niezły poziom zgody na to, co miało miejsce w szkole podstawowej: że po coś się to wszystko wydarzyło, że takie były czasy, takich doświadczeń potrzebowałam, tacy ludzie mieli stanąć na mojej drodze. Ten akapit czekał długie miesiące i pisałam go najdłużej, ale myślę, że teraz potrafię szczerze i prawdziwie podziękować za wszystko, czego doświadczyłam. Za to, co pokazało mi, jak nie kształcić młodych ludzi, jakim nauczycielem nie należy być. Jednocześnie mogłam zawsze liczyć na cudowne oparcie u nauczycieli życzliwych, otwartych i tolerancyjnych. Dzięki nim widziałam różnicę, kontrast i mogłam budować siebie. Mogę dokończyć ten akapit pełna wdzięczności do wszystkich, absolutnie wszystkich nauczycieli, których spotkałam podczas edukacji szkolnej.

Jestem wdzięczna pani prof. zw. dr hab. nauk medycznych Jadwidze Jośko-Ochojskiej za jej czas, uwagę i wywiad, którego udzieliła dla naszej społeczności na kanale YouTube Planeta Soni. Głównym obszarem zainteresowań naukowych pani profesor są medyczne aspekty stresu i jego oddziaływanie na organizm. Jest lekarzem, który traktuje pacjenta całościowo. To, że jako epidemiolog pani profesor zajmuje się między innymi negatywnymi dla zdrowia skutkami stresu w wymiarze społecznym, w tym epigenetycznym dziedziczeniem skutków traumy, wniosło ogromną wartość o charakterze medycznym i naukowym do treści przekazywanych w ramach projektu Planeta Soni.

Jestem wdzięczna sobie. Dziękuję sobie za to, że znalazłam odwagę na publikację serii osobistych książek z ćwiczeniami, dziękuję sobie, że przeżyłam, że zniosłam wiele trudnych chwil i zaznałam hipokryzji czy niezrozumienia. Dziękuję sobie za tę niezłomność, za wszystkie sesje terapeutyczne, które kolejno ściągały kamyczki i kamienie z wózka, który postanowiłam ciągnąć. Korzystałam z sesji u przeróżnych terapeutów. Tak bardzo uważam je za niezbędne dla rozwoju, wzrastania i układania wnętrza, że zaprosiłam tych specjalistów do grona ekspertów Planety Soni. Chcę, by jak najwięcej osób mogło skorzystać z ich profesjonalizmu i dobrego serca.

Jestem wdzięczna życiu za delikatne podszepty, których kiedyś w zabieganiu i ferworze walki ze światem nie potrafiłam usłyszeć. Dziękuję mu za to, że się zaczęło, że trwa, że uczy, że rozumie, bo wie, po co się coś dzieje, choć ja nie zawsze nadążam z odbiorem wszelkich przekazów i mądrości, które przynoszą ze sobą życiowe lekcje.

Dziękuję moim rodzicom za to, że mi to życie dali, że wzięli na siebie trud rodzicielstwa, że starali się, jak mogli i potrafili najlepiej. Dziękuję za bogactwo całego rodu, które mi przekazali wraz z życiem, za wszystkie programy rodowe i życiowe. Im dłużej żyję, tym bardziej dochodzę do przekonania, że to absolutnie najlepsi rodzice na świecie dla mnie, że wybrałam ich sobie idealnie mając w perspektywie to, co mam przepracować, czego doświadczyć i dzięki czemu mogę się spełniać w życiu zawodowym i prywatnym.

W pierwszej książce z serii *Osobistych książek z ćwiczeniami* zatytułowanej *Zaakceptuj siebie* w rozdziale VII. odwołuję się do wsparcia rodu. W tym miejscu chciałabym powrócić do znaczenia akceptacji i wdzięczności dla rodu, wyrażając moje podziękowania i uznanie dla moich przodków, którzy byli, żyli, doświadczali i przetrwali, przekazując życie dalej po to, by również moje mogło zaistnieć. Nawet nie jestem w stanie wyobrazić sobie, czego doświadczali, jak trudne momenty były ich udziałem. Mogę za to poczuć wypełniające mnie uczucie bezmiaru wdzięczności za to, że byli i że jestem z nich.

Dziękuję pani prezes Joannie Idzikowskiej, która zorganizowała uroczyste obchody 20 lecia firmy i której pierwszy egzemplarz tej książki zapragnęłam podarować. Asia potrafi wiele, między innymi motywować i inspirować swoim przykładem, nie poddaje się i realizuje marzenia. Taka postawa mobilizuje i zagrzewa do pracy. Postanowiłam, że dowodem na jej wpływ na ludzi będzie pierwszy egzemplarz tej książki wręczony Joannie na uroczystej gali po zakończeniu konferencji

Big Business meets science (jeśli to czytasz, to znaczy, że plan się powiódł).

Odczuwanie wdzięczności korzystnie wpływa na nasze zdrowie i samopoczucie. Należy również wyrażać wdzięczność, mówić „dziękuję", „jestem wdzięczna", „jestem wdzięczny". Uczucie to możemy fantastycznie zaangażować do spełniania naszych marzeń i właśnie do tego ćwiczenia chciałabym Cię teraz, dobry i mądry człowieku, zaprosić.

I jeszcze jedno: dziękuję Ci, że jesteś.

ĆWICZENIE – CZĘŚĆ PIERWSZA

Przy tym ćwiczeniu, jak i przy innych, pamiętaj, proszę, o miarowym, głębokim oddychaniu. Weź wdech i wydech. Świetnie. Jeszcze dwa razy: wdech, wydech i znowu – spokojnie i głęboko – wdech i wydech. Świadome oddychanie jest niesamowicie ważne, kiedy pracujemy z sobą i z emocjami.

Pomyśl i zapisz, komu możesz być wdzięczny. Wypisz 5 osób, a obok dopisz, za co jesteś każdej z nich wdzięczny/a.

PIERWSZA LEKTURA
DATA: . . . .

JESTEM WDZIĘCZNA/Y
[IMIĘ I NAZWISKO TEJ OSOBY]

. . . .

ZA . . . .

. . . .

JESTEM WDZIĘCZNA/Y
[IMIĘ I NAZWISKO TEJ OSOBY]

. . . .

ZA . . . .

. . . .

JESTEM WDZIĘCZNA/Y
[IMIĘ I NAZWISKO TEJ OSOBY]

. . . .

ZA . . . .

. . . .

JESTEM WDZIĘCZNA/Y
[IMIĘ I NAZWISKO TEJ OSOBY]

. . . .

ZA . . . .

. . . .

JESTEM WDZIĘCZNA/Y
[IMIĘ I NAZWISKO TEJ OSOBY]

. . . .

ZA . . . .

. . . .

DRUGA LEKTURA

DATA: . . . .

JESTEM WDZIĘCZNA/Y
[IMIĘ I NAZWISKO TEJ OSOBY]

. . . .

ZA . . . .

. . . .

JESTEM WDZIĘCZNA/Y
[IMIĘ I NAZWISKO TEJ OSOBY]

. . . .

ZA . . . .

. . . .

JESTEM WDZIĘCZNA/Y
[IMIĘ I NAZWISKO TEJ OSOBY]

. . . .

ZA . . . .

. . . .

JESTEM WDZIĘCZNA/Y
[IMIĘ I NAZWISKO TEJ OSOBY]

. . . .

ZA . . . .

. . . .

JESTEM WDZIĘCZNA/Y
[IMIĘ I NAZWISKO TEJ OSOBY]

. . . .

ZA . . . .

. . . .

TRZECIA LEKTURA
DATA: . . . .

JESTEM WDZIĘCZNA/Y
[IMIĘ I NAZWISKO TEJ OSOBY]

. . . .

ZA . . . .

. . . .

JESTEM WDZIĘCZNA/Y
[IMIĘ I NAZWISKO TEJ OSOBY]

. . . .

ZA . . . .

. . . .

JESTEM WDZIĘCZNA/Y
[IMIĘ I NAZWISKO TEJ OSOBY]

. . . .

ZA . . . .

. . . .

JESTEM WDZIĘCZNA/Y
[IMIĘ I NAZWISKO TEJ OSOBY]

. . . .

ZA . . . .

. . . .

JESTEM WDZIĘCZNA/Y
[IMIĘ I NAZWISKO TEJ OSOBY]

. . . .

ZA . . . .

. . . .

ĆWICZENIE – CZĘŚĆ DRUGA

W drugiej części ćwiczenia wymień osoby, z którymi doświadczyłeś/aś w dalekiej przeszłości trudnych emocji, sytuacji i okoliczności. Chodzi o zdarzenia dawne, niezbyt bolesne, by nie wracać do trudnych wspomnień. Pomyśl o osobach, które nie wzbudzają w Tobie sympatii, z którymi się poróżniłeś/aś dawno temu. Wypisz ich imiona. Oddychaj, wybierz nieprzyjemne chwile, ale z tych lżejszych, jako że ćwiczenie to nie ma otwierać ran, tylko ma pokazać pewną perspektywę.

Wypisz te osoby, które w przeszłości nie zapisały się najlepszymi wspomnieniami w Twojej pamięci, a następnie pomyśl i napisz, za co w perspektywie długoterminowej możesz być tym ludziom wdzięczny/a.

PIERWSZA LEKTURA
DATA: . . . .

JESTEM WDZIĘCZNA/Y
[IMIĘ I NAZWISKO TEJ OSOBY]

. . . .

ZA . . . .

. . . .

JESTEM WDZIĘCZNA/Y
[IMIĘ I NAZWISKO TEJ OSOBY]

. . . .

ZA . . . .

. . . .

JESTEM WDZIĘCZNA/Y
[IMIĘ I NAZWISKO TEJ OSOBY]

. . . .

ZA . . . .

. . . .

JESTEM WDZIĘCZNA/Y
[IMIĘ I NAZWISKO TEJ OSOBY]

. . . .

ZA . . . .

. . . .

JESTEM WDZIĘCZNA/Y
[IMIĘ I NAZWISKO TEJ OSOBY]

. . . .

ZA . . . .

. . . .

DRUGA LEKTURA
DATA: . . . .

JESTEM WDZIĘCZNA/Y
[IMIĘ I NAZWISKO TEJ OSOBY]

. . . .

ZA . . . .

. . . .

JESTEM WDZIĘCZNA/Y
[IMIĘ I NAZWISKO TEJ OSOBY]

. . . .

ZA . . . .

. . . .

JESTEM WDZIĘCZNA/Y
[IMIĘ I NAZWISKO TEJ OSOBY]

. . . .

ZA . . . .

. . . .

JESTEM WDZIĘCZNA/Y
[IMIĘ I NAZWISKO TEJ OSOBY]

. . . .

ZA . . . .

. . . .

JESTEM WDZIĘCZNA/Y
[IMIĘ I NAZWISKO TEJ OSOBY]

. . . .

ZA . . . .

. . . .

TRZECIA LEKTURA

DATA: . . . .

JESTEM WDZIĘCZNA/Y
[IMIĘ I NAZWISKO TEJ OSOBY]

. . . .

ZA . . . .

. . . .

JESTEM WDZIĘCZNA/Y
[IMIĘ I NAZWISKO TEJ OSOBY]

. . . .

ZA . . . .

. . . .

JESTEM WDZIĘCZNA/Y
[IMIĘ I NAZWISKO TEJ OSOBY]

. . . .

ZA . . . .

. . . .

JESTEM WDZIĘCZNA/Y
[IMIĘ I NAZWISKO TEJ OSOBY]

. . . .

ZA . . . .

. . . .

JESTEM WDZIĘCZNA/Y
[IMIĘ I NAZWISKO TEJ OSOBY]

. . . .

ZA . . . .

. . . .

Ile lat minęło? Jaki odcinek czasu dzieli chwilę obecną od tamtych zdarzeń? Czy myślisz, że jeśli upłynie wiele, wiele lat, to może się okazać, że dzięki któremuś z tych ludzi wydarzy się coś, co będzie wspaniałe i za co będzie można być naprawdę wdzięcznym, a co nie wydarzyłoby się, gdyby nie oni? Może już to widzisz? Może było Ci ciężko, ale dziś rozumiesz, że bez tamtego doświadczenia nie wiedziałbyś tego, co wiesz dziś? Wypisz tych ludzi i określ, co dziś masz, o jaką naukę jesteś bogatszy dzięki trudnym przejściom z nimi. Warto bowiem praktykować także wdzięczność za lekcje niekoniecznie miłe i przyjemne. Kiedy w pierwszej części ćwiczenia prosiłam o wskazanie kilku osób, którym możesz być wdzięczny, najprawdopodobniej były to okoliczności szczęśliwe, dobre, radosne, piękne. Wywołują one wdzięczność prawie automatycznie, czujemy radość, dumę, dziękujemy, że zaistniały w naszym życiu. A teraz, kiedy trzeba podziękować za zdarzenia, które uznajemy za trudne, mogą pojawić się wątpliwości – to normalne. Spójrz na to, co się stało, jeszcze raz. Czy któreś z tych zdarzeń/sytuacji/okoliczności możesz podsumować powiedzeniem: „Nie ma tego złego, co by na dobre nie wyszło"? Czy któreś z tych przeszłych ciężkich, smutnych, nieprzyjemnych zdarzeń/sytuacji/okoliczności, okazało się po latach kształcące albo może umożliwiło innym okolicznościom pojawienie się w Twoim życiu? Może tamte chwile spowodowały powstanie pięknych rzeczy, wspaniałych zdarzeń, sytuacji i okoliczności, zupełnie nowych i wyjątkowych?

Łatwiej jest w życiu, jeśli potrafi się patrzeć na przeszłość z wdzięcznością, z nadzieją, że nic, co się wydarzyło, nie wydarzyło się na marne i tak naprawdę nie było przypadkiem. Wydarzyło się po coś i ma sens. Jeśli tego nie widzisz – pozwól sobie nie widzieć, jak najbardziej masz prawo się z tym nie zgadzać. Może za jakiś czas uda Ci się spojrzeć na przeszłość z wdzięcznością. Ćwiczenie to ma na celu pokazać nam, że doświadczanie wdzięczności jest możliwe w każdym aspekcie i momencie życia. Popatrz na swoje zapiski i zastanów się, proszę:

Jak myślisz, czy za piętnaście, dwadzieścia lat może się okazać, że to, czego doświadczasz dziś, co jest takie trudne, nieznośne, uprzykrzające życie, że właśnie to umożliwi wydarzenie się czegoś fantastycznego? Czy myślisz, że to jest możliwe? Że to, co teraz jest takie nużące, może pozwolić wydarzyć się czemuś pozytywnemu? Jak sądzisz?

PIERWSZA LEKTURA
DATA: . . . .

ODCZUCIA, MYŚLI I REFLEKSJE:

. . . .

. . . .

. . . .

. . . .

. . . .

DRUGA LEKTURA
DATA: . . . .

ODCZUCIA, MYŚLI I REFLEKSJE:

. . . .

. . . .

. . . .

. . . .

. . . .

. . . .

TRZECIA LEKTURA

DATA: . . . .

ODCZUCIA, MYŚLI I REFLEKSJE:

. . . .

. . . .

. . . .

. . . .

. . . .

Popatrz na swoje notatki jeszcze raz i poczuj wdzięczność. Powiedz „dziękuję" do wymienionych przez Ciebie osób. Zaufaj sobie i światu: wszystko dobrze się układa, nawet jeżeli teraz tego tak nie postrzegasz.

Kiedy jest mi bardzo źle i kiedy doświadczam trudnych sytuacji, nie rozumiejąc, dlaczego mi się one przytrafiają, i tak cedzę przez zęby słowo „dziękuję". Czasem na przemian z przekleństwami, krzykiem lub płaczem. Nawet nie pojmując takiego zdarzenia, wierzę w jego sens i dlatego powtarzam sobie, że „z tej sytuacji wyniknie dla mnie coś pożytecznego". Powtarzam „dziękuję", choć wcale dana sytuacja mi się nie podoba, choć wcale nie chcę jej doświadczać, ale wiem, że zaistniała dla mnie i dziękuję za to. Dziękuję awansem, na zapas, mimo że aktualnie czuję wściekłość, poirytowanie, niemoc. Nie chodzi o to, abyśmy wypierali emocje czy uczucia. Chodzi o to, abyśmy nauczyli się nawet w tej złości i irytacji powiedzieć: „Dobra, dziękuję, nie wiem, co z tego będzie, wiem, że przydarza się to dla mnie, nie widzę sensu, ale okej, dziękuję". Praktykowanie wdzięczności, nawet nieco wbrew sobie, dodaje siły. Połącz myśli i słowa z gestami, w tym przypadku z konkretnym gestem - połóż obie dłonie na klatce piersiowej, weź głęboki oddech i powiedz: „Dobry i mądry człowieku - dziękuję".

Przepisz też, proszę, pomyśl lub powtórz na głos trzy poniższe zdania. Pisz, aż zabraknie miejsca:

DAŁAM/EM RADĘ. DAJĘ RADĘ. DAM RADĘ.

PIERWSZA LEKTURA
DATA: . . . .

. . . .
. . . .
. . . .
. . . .
. . . .
. . . .
. . . .
. . . .

ODCZUCIA, MYŚLI I REFLEKSJE:

. . . .
. . . .
. . . .
. . . .
. . . .
. . . .
. . . .
. . . .

DRUGA LEKTURA

DATA: . . . .

PISZ, AŻ ZABRAKNIE MIEJSCA:
DAŁAM/EM RADĘ. DAJĘ RADĘ. DAM RADĘ.

ODCZUCIA, MYŚLI I REFLEKSJE:

TRZECIA LEKTURA
DATA: . . . .

PISZ, AŻ ZABRAKNIE MIEJSCA:
DAŁAM/EM RADĘ. DAJĘ RADĘ. DAM RADĘ.

. . . .

ODCZUCIA, MYŚLI I REFLEKSJE:

. . . .

Czas na jedną z moich ulubionych anegdotek, którą chętnie ilustruję piękną nieprzewidywalność życia. Ta historia pozwala mi przetrwać najtrudniejsze życiowe sytuacje, gdy mam wrażenie, że nie tylko nic się nie układa, ale wręcz wszystko się wali, a tymczasem to wszystko dzieje się dla mnie.

Kiedy byłam studentką, bardzo chciałam oprócz francuskiego i angielskiego uczyć się również włoskiego. Ten język zawsze bardzo mi się podobał. Wraz z całą grupą wnioskowaliśmy o dodatkowy lektorat z tego języka, jednak zanim wszystkie formalności zostały dopełnione, skończyliśmy pierwszy rok, potem drugi, a na trzecim okazało się, że dodatkowy włoski jest, owszem, ale tylko dla drugiego roku. Ponieważ już wtedy wyznawałam zasadę „Nigdy się nie poddawaj", poprosiłam o możliwość uczestniczenia w zajęciach z języka włoskiego z drugim rokiem.

Wszystko byłoby dobrze, gdyby nie fakt, że w planie lektorat kolidował z zajęciami z informatyki. Niemniej, ciągle zgodnie z zasadą „Nigdy się nie poddawaj", udałam się do osoby prowadzącej te zajęcia z prośbą o możliwość zaliczenia ich w trybie eksternistycznym i uzyskałam zgodę. Na studiach humanistycznych, ponad 20 lat temu, informatyka z reguły ograniczała się do kilku prostych umiejętności. Zatem ani prowadzący, ani ja widzieliśmy problemu. Chodziłam więc na włoski zachwycona i szczęśliwa do momentu, kiedy nie zaliczyłam informatyki, ponieważ okazało się, że mam zbyt duże braki. Wróciłam do domu zła i rozżalona. Wszyscy w rodzinie dowiedzieli się, jaka wielka krzywda mi się przydarzyła, jakie to straszne i niesprawiedliwe. Nie szczędziłam też słów krytyki pod adresem prowadzącego.

Gdybym wtedy znała to ćwiczenie, nie musiałabym się tak pieklić i zamartwiać. Wystarczyłoby otworzyć się na wdzięczność. Wystarczyłoby powiedzieć sobie: „To się dzieje dla mnie, z tej sytuacji wyniknie dla mnie coś pożytecznego". Ale nie. Gotowałam się ze wściekłości, żalu, pretensji. Kiedy kolejny raz nie zaliczyłam tego przedmiotu, z płaczem poprosiłam mojego tatę, aby znalazł mi kogoś, do kogo mogę udać się na lekcje. Kolega taty miał syna, który wtedy już robił doktorat z informatyki, więc dostałam telefon, aby umówić się na korepetycje. Gdy zadzwoniłam, ów chłopak powiedział, że jest bardzo zajęty. Na szczęście w końcu udało się nam ustalić termin. Już słysząc ten głos przez telefon, poczułam coś w sercu, a później, kiedy wróciłam z pierwszej lekcji, mój tata żartował, że jestem zakochana. Ja śmiałam się z niego, bo oczywiście, że nie... Oczywiście, że tak. Po ponad 20 szczęśliwych latach u boku tego mężczyzny mogę powiedzieć, że moja wdzięczność względem wymagającego wykładowcy prowadzącego informatykę (musiałam kilkakrotnie podchodzić do zaliczenia, żeby zdać ten z pozoru prosty materiał) jest dzisiaj ogromna.

Kiedy otworzymy się z wdzięcznością na wszystko to, co się przydarza - nawet jeśli jest trudne i dla nas niezrozumiałe - łatwiej przyjąć nam płynącą z tego naukę. Co więcej, po latach może okazać się, że to były zbawienne momenty, umożliwiające zaistnienie innym, ważnym wydarzeniom; choć czasem pojmujemy to po wielu, wielu latach. Dlatego zapraszam Cię do codziennej praktyki wdzięczności w każdej sytuacji i w każdym momencie, za wszystko i za wszystkich. Rozumiejąc to, jestem ogromnie wdzięczna każdej osobie napotkanej w życiu, nawet jeśli zaznałam od niej zła. I tak, na przykład, dopiero podczas ostatnich warsztatów transformujących, w których uczestniczyłam, zrozumiałam, dlaczego 35 lat temu spotkałam człowieka, który bardzo mnie skrzywdził. Wcześniej nie dostrzegłam sensu, wiedziałam tylko od jakiegoś czasu, że to miało jakiś sens i już sama ta świadomość przynosiła mi ulgę.

Nie muszę przecież rozumieć wszystkiego. Daję sobie prawo do doświadczania złości i irytacji, pamiętając, że zawsze mogę powiedzieć: „Dziękuję. Wiem, że to przydarza się dla mnie, choć zupełnie nie pojmuję dlaczego, ani po co". Pielęgnowanie wdzięczności względem tego, co było wspaniałe i budujące, względem tego, co jest dobre teraz i co będzie fantastyczne w przyszłości, pomnaża radość i – używając sformułowania dra Hawkinsa – podnosi wibracje, ułatwiając naszym marzeniom spełnianie się. Wdzięczność względem trudnych zdarzeń/sytuacji/okoliczności sprawia, że przechodzimy przez nie lżej: stają się łatwiejsze i nie zamykają nas na cudowności kolejnych dni.

O AUTORCE

To już trzecia książka z serii *Osobistych książek z ćwiczeniami*. Trochę się już znamy, dlatego w tej części bardziej niż o mnie przeczytasz o moich przekonaniach, dwujęzyczności i pracy nad sobą.

Gdy miałam 15 lat, pierwszy raz w życiu spotkałam dziecko wielojęzyczne. Ten pięcioletni chłopczyk mówił po polsku, francusku, armeńsku, uczył się angielskiego, a ponieważ dziadkowie ze strony ojca pochodzili z Sycylii, to z nimi komunikował się po sycylijsku (wydaje mim się, że to był tamtejszy dialekt) i robił to płynnie. Byłam w domu jego rodziców za granicą i to dziecko z łatwością zmieniało język, w zależności od tego, kto się do niego odzywał i z kim rozmawiał. W tamtych latach, kiedy granice dopiero powoli się otwierały, zrobiło to na mnie ogromne wrażenie, a wielojęzyczność wydała mi się naturalna dla dzieci.

Później, gdy pojechałam na studia do Francji, spotkałam siedmiolatka, mającego rodziców Austriaków i chodzącego we Francji do pierwszej klasy szkoły podstawowej. Mama tego chłopca mówiła do niego cały czas po francusku, chociaż nie była rodzimym użytkownikiem tego języka, ponieważ chciała, żeby syn najpierw nauczył się biegle pisać i czytać po francusku, i żeby pierwszą klasę szkoły podstawowej ukończył we Francji, a później dalszą edukację kontynuował w Austrii. Spotkałam więc dziecko, bez francuskich korzeni i rodziny pochodzącej z tego kraju, płynnie posługujące się językiem francuskim. Umocniło to moje przekonanie, że taki model wychowania językowego dzieci jest korzystny, a nauczanie takie jest w dodatku efektywne i bezwysiłkowe, ponieważ odbywa się poprzez zabawę i zwykłą codzienną komunikację.

Tak tworzą się przekonania. Doświadczamy czegoś, jesteśmy uczestnikiem jakiegoś zdarzenia, tworzymy sobie pewien obraz. Dlatego zdecydowałam, że będę do mojego pierwszego dziecka, tak jak tamta austriacka mama we Francji, mówić po francusku, aby naturalnie nauczyło się tego języka i po prostu było dwujęzyczne. Tym bardziej, że osoby dwujęzyczne szybko uczą się kolejnych języków. Taki prezent postanowiłam dać mojemu dziecku i nie widziałam w tym niczego złego, ale inni widzieli. Kiedy zaczęłam zwracać się do mojego dziecka po francusku, poinformowano mnie o badaniach naukowych, które zniechęcają do dwujęzyczności, dowodząc, że obniża ona jakoby IQ dzieci; że rzekomo lepiej nauczyć się najpierw jednego języka i dopiero, kiedy jest on ugruntowany, wprowadzić kolejny. Inne badania (Bialystok E., 2000; Stanulewicz D., Janczukowicz K., Rocławska-Daniluk M., 2017) pokazały, że jest wręcz odwrotnie, ale w czasach, kiedy moje pierwsze dziecko się urodziło, nie było sprzyjającej atmosfery dla dwujęzyczności. Wówczas nie zajmowałam się nią jeszcze naukowo. Dopiero opinie moich niektórych koleżanek i kolegów na temat szkodliwości takiego wychowania językowego, skłoniły mnie do badań nad *non-native bilingualism*, dwujęzycznością zamierzoną (taka nazwa przyjęła się w Polsce na określenie wychowania językowego dzieci przez rodziców niebędących rodzimymi użytkownikami języka, w którym mówią do swojego dziecka czy dzieci). Wiedziałam wtedy, że wchodzę na ścieżkę mojego powołania, czyli pracy z rodzicami i pracy z dziećmi, dla dzieci i dla rodziców. Te zainteresowania i te badania nauczyły mnie kroczenia drogą własnego rozwoju, ciekawości, chęci poznania i zrozumienia.

Dziś moje dzieci są wielojęzyczne, a ja, dzięki badaniom nad dwujęzycznością zamierzoną i poszukiwaniom czynników warunkujących jej prawidłowy przebieg, zrozumiałam, że najważniejszym czynnikiem wpływającym na prawidłowy rozwój dziecka, nie tylko językowy, jest miłość rodzica do siebie, ludzi i świata. To był dla mnie przełom. Moje dalsze badania tylko utwierdzały mnie w przekonaniu, że myśli rodziców i ich postawa wpływa na zdrowie dzieci. Oczywiście początkowo nie dowierzałam i stawiałam mnóstwo pytań. Uważam, że mamy prawo do niezgadzania się i posiadania odmiennego zdania. Mnie jednak przekonuje moje własne ciało, jego dobra kondycja oraz zdrowie moich dzieci.

ĆWICZENIE

Przepisz, proszę, poniższe zdanie kilkakrotnie i obserwuj reakcje w ciele, obserwuj swoje emocje i odczucia podczas pisania i zapisz je. „Jestem istotą ze światła i miłości” – bo czyż tak właśnie nie jest? Czyż powstanie z dwóch różnych komórek nie jest absolutnym cudem? Co czujesz, kiedy masz tak o sobie pisać?

PIERWSZA LEKTURA
DATA: . . . .

JESTEM ISTOTĄ ZE ŚWIATŁA I MIŁOŚCI

. . . .

. . . .

. . . .

. . . .

. . . .

. . . .

ODCZUCIA, MYŚLI I REFLEKSJE:

. . . .

. . . .

. . . .

. . . .

. . . .

. . . .

. . . .

. . . .

. . . .

. . . .

DRUGA LEKTURA
DATA: . . . .

JESTEM ISTOTĄ ZE ŚWIATŁA I MIŁOŚCI

. . . .
. . . .
. . . .
. . . .
. . . .
. . . .

ODCZUCIA, MYŚLI I REFLEKSJE:

. . . .
. . . .
. . . .
. . . .
. . . .
. . . .
. . . .
. . . .
. . . .
. . . .

TRZECIA LEKTURA

DATA: . . . .

JESTEM ISTOTĄ ZE ŚWIATŁA I MIŁOŚCI

. . . .

ODCZUCIA, MYŚLI I REFLEKSJE:

. . . .

Pomyśl, jak wiele rozmaitych procesów zachodziło, zachodzi i będzie zachodzić w Tobie, w Twoim ciele. Z połączenia zaledwie dwóch komórek powstałaś Ty – istota ze światła i miłości, piękna w swojej złożoności, niepowtarzalności – to jest coś fantastycznego! Zobacz to w sobie i dostrzegaj tę iskrę cudowności, światła i miłości w każdej napotkanej osobie. Czasem nie jest łatwo, ale dobrze pamiętać, że gdzieś, pod warstwami programów, schematów i ról społecznych ukrywa się owa iskra.

Dlatego też polecam czytanie tej książki, słuchając jednocześnie audiobooka, gdyż ma on tę przewagę, że przeważnie raz uruchomiony po prostu zostaje wysłuchany do końca. W przypadku samej lektury zdarza się, że książkę papierową odkładamy na półkę, czasem przed kluczowym rozdziałem, przed najważniejszym, najbardziej transformującym ćwiczeniem. Tak nasze ego broni się przed zmianą. Daj sobie czas, czytając tę książkę. Delektuj się ćwiczeniami.

O KSIĄŻCE

JAK POWSTAŁA **TA KSIĄŻKA?**

Tradycyjnie już niniejsza część moich *Osobistych książek z ćwiczeniami* jest poświęcona samemu procesowi ich powstawania.

Czy zdarzyło Ci się, dobry i mądry człowieku, że najpierw krytycznie myślałeś o kimś, o jakiejś sytuacji, a później doświadczyłeś tego samego? Ileż to razy w szkole podstawowej i w liceum zastanawiałam się, dlaczego Adam Mickiewicz napisał *Dziady* nie po kolei. Ileż młodzieńczego buntu, krytyki i oceny wysłałam w stronę nieuporządkowanych wtedy moim zdaniem publikacji. A *Gwiezdne Wojny*? Kolejne części też nie ukazały się w kolejności. I co? I teraz sama publikuję książki w kolejności: 1, 4, 3, 2.

Jakby tego było mało, zdążyłam napisać dwie inne książki i wyrzucić je. Pocieszałam się słowami Wisławy Szymborskiej, która zapytana w jednym z wywiadów o to, dlaczego opublikowała stosunkowo niewiele swoich wierszy, odparła: „Mam w domu kosz". Oczywiście jest to moje tłumaczenie, moja wymówka i moje usprawiedliwianie się. Druga książka, *Odkryj siebie,* jest już prawie gotowa, podczas gdy ta – trzecia, którą właśnie czytasz, dobry i mądry człowieku, potrzebowała mojej głębszej refleksji.

ĆWICZENIE

PIERWSZA LEKTURA
DATA: . . . .

POMYŚL TERAZ, PROSZĘ, Z JAKIEGO ZDARZENIA/SYTUACJI/OKOLICZNOŚCI W TWOIM ŻYCIU, KTÓRA NADAL MA MIEJSCE, NIE JESTEŚ ZADOWOLONY/A. GDZIE NIE MA TAKICH EFEKTÓW, TAKICH REZULTATÓW, JAKICH BYŚ OCZEKIWAŁ/A.

. . . .

. . . .

. . . .

. . . .

DRUGA LEKTURA
DATA: . . . .

POMYŚL TERAZ, PROSZĘ, Z JAKIEGO ZDARZENIA/SYTUACJI/OKOLICZNOŚCI W TWOIM ŻYCIU, KTÓRA NADAL MA MIEJSCE, NIE JESTEŚ ZADOWOLONY/A. GDZIE NIE MA TAKICH EFEKTÓW, TAKICH REZULTATÓW, JAKICH BYŚ OCZEKIWAŁ/A.

. . . .

. . . .

. . . .

. . . .

. . . .

. . . .

TRZECIA LEKTURA
DATA: . . . .

POMYŚL TERAZ, PROSZĘ, Z JAKIEGO ZDARZENIA/SYTUACJI/OKOLICZNOŚCI W TWOIM ŻYCIU, KTÓRA NADAL MA MIEJSCE, NIE JESTEŚ ZADOWOLONY/A. GDZIE NIE MA TAKICH EFEKTÓW, TAKICH REZULTATÓW, JAKICH BYŚ OCZEKIWAŁ/A.

. . . .
. . . .
. . . .
. . . .
. . . .
. . . .

Teraz pytanie: czy myślisz, że jeśli niczego w tej kwestii nie zmienisz, cokolwiek ulegnie zmianie? Czy myślisz, że postępując ciągle tak samo, myśląc tak samo, czując tak samo, robiąc tak samo, w tych samych okolicznościach można spodziewać się innych wyników? Właśnie tego doświadczyłam przy pisaniu tej książki. Nie potrafiłam jej dokończyć, nie potrafiłam jej nawet skutecznie pisać. Zmieniałam więc miejsca pisania, pory, tytuły, układ treści... Efekty lądowały w koszu, a ja miałam długie przestoje, przez co uciekała energia mojej pracy, mój zapał. Starałam się na różne sposoby, aż ku mojej rozpaczy zdałam sobie sprawę, że metody, której jeszcze nie próbowałam, to napisanie książki odręcznie. Kiedy zaczęłam tak pisać, wszystko się zmieniło i przypomnieli mi się autorzy, którzy napisali (albo nadal piszą) swoje dzieła odręcznie, jak Neale Donald Walsch czy Rafał Kosik. Nie był to więc wcale taki głupi pomysł. Popatrz teraz na swoje zapiski, dobry i mądry człowieku. Przeanalizuj zanotowane przez siebie sytuacje i pozwól sobie na inne działanie, na zmianę czegoś, co – być może – wpłynie na wynik. Zmieniaj działania/okoliczności/sytuacje, aż ruszy.

Spójrz teraz na listę poniżej. Możesz z niej coś wybrać, możesz dodać. Zastanów się, co możesz zmienić w Twojej konkretnej sytuacji, w tych okolicznościach, które w powyższym ćwiczeniu, dobry i mądry człowieku, wymieniłeś. Co może wpłynąć na zmiany? Może reakcje, nastawienie, myślenie albo mówienie o tym, słowa, jakich używa się na określenie tej sytuacji, tej osoby, tego tematu. Może sposób odpowiadania, reagowania, działania. Może jeszcze coś innego? Napisz. Zmiana jednego z elementów może zmienić wynik.

W drugiej części tego ćwiczenia usiądź wygodnie, połóż rękę na sercu, drugą rękę unieś jak do przysięgi i powiedz, pomyśl, napisz:

„W związku z tym, że..." – i tutaj wstaw zdarzenie/sytuacje/okoliczności, których wynik chcesz zmienić – „decyduję, że zmieniam..." i wybierz coś z listy:

- moje postępowanie,
- moje reakcje,
- używane słowa,
- moje myśli.

Nadaj tej decyzji ważność. Wejdź we współpracę z ciałem.

PIERWSZA LEKTURA
DATA: . . . .

W ZWIĄZKU Z TYM, ŻE

. . . .
. . . .
. . . .
. . . .
. . . .
. . . .

DECYDUJĘ, ŻE ZMIENIAM

. . . .
. . . .
. . . .
. . . .
. . . .
. . . .
. . . .
. . . .
. . . .
. . . .

DRUGA LEKTURA
DATA: . . . .

W ZWIĄZKU Z TYM, ŻE

. . . .

. . . .

. . . .

. . . .

. . . .

. . . .

DECYDUJĘ, ŻE ZMIENIAM

. . . .

. . . .

. . . .

. . . .

. . . .

. . . .

. . . .

. . . .

. . . .

. . . .

TRZECIA LEKTURA
DATA: . . . .

W ZWIĄZKU Z TYM, ŻE

. . . .

. . . .

. . . .

. . . .

. . . .

. . . .

DECYDUJĘ, ŻE ZMIENIAM

. . . .

. . . .

. . . .

. . . .

. . . .

. . . .

. . . .

. . . .

. . . .

. . . .

Dobrze jest pamiętać, że aby otrzymać inny wynik, potrzebujemy dokonać zmiany, choćby niewielkiej. Czasem warto zacząć od wyboru innych słów, którymi nazywamy dane zdarzenie, sytuację czy okoliczności. Żeby zmienił się efekt, potrzebna jest zmiana w obrębie procesu wykonania. To takie proste i takie trudne jednocześnie.

Mam nadzieję, że masz wspaniałe pomysły i że przychodzą Ci do głowy genialne rozwiązania. Zapisuj je proszę: są Twoje, jedyne i niepowtarzalne. Kiedy serce Ci podpowiada, co masz zrobić, jaką decyzję masz podjąć, słuchaj go, przelej myśli na papier. Zapisuj, zapisuj zanim głowa powie, że to bez sensu. Usiądź i niech serce Ci dyktuje.

U mnie pomysł pisania książki odręcznie pojawił się już wcześniej i to wielokrotnie. Ten pomysł, że treść dyktowana jest przez serce, piszę ręką i czuję tę treść przelewaną na kartkę papieru. Nie miałam notatnika, nie zapisałam tego pomysłu, wypierałam go. A Ty? Co robisz ze swoimi z pozoru dziwnymi lub niedorzecznymi, a może właśnie świetnymi pomysłami? Czy niszczysz je, jak ja niszczyłam moje? Racjonalnymi argumentami, oczywiście. Kiedy głowa dochodziła do głosu, mówiłam sobie, że nikt już tak nie robi. Pisać odręcznie? W dobie komputerów i notatników elektronicznych to niedorzeczne! Zabiera zbyt wiele czasu, energii i jest staroświeckie. Kto potem to przepisze? Milion argumentów bardzo racjonalnych, bardzo słusznych i bardzo konkretnych, torpedujących ten pomysł, który okazał się podszeptem serca: „Pisz odręcznie, na kartce".

Tymczasem chwile, które spędziłam na pisaniu tej książki piórem, myśląc o Tobie, dobry i mądry człowieku, były piękne, magiczne, wzniosłe. Myślę, że moje kolejne książki też tak powstaną.

ĆWICZENIE

PIERWSZA LEKTURA
DATA: . . . .

NAPISZ TERAZ, PROSZĘ, JAKIE DYKTOWANE PRZEZ SERCE POMYSŁY ODRZUCASZ, JAKICH SZEPTANYCH PRZEZ TWOJE SERCE POMYSŁÓW NIE CHCESZ SŁUCHAĆ. ZAPISZ JE. POPROŚ SERCE, ŻEBY CI PRZYPOMNIAŁO. NIE OCENIAJ. NIE WŁĄCZAJ GŁOWY. PO PROSTU JE ZANOTUJ. NIECH PODYKTUJE CI SERCE, A PAPIER CIERPLIWIE PRZYJMIE.

. . . .

. . . .

. . . .

. . . .

. . . .

. . . .

. . . .

. . . .

DRUGA LEKTURA

DATA: . . . .

NAPISZ TERAZ, PROSZĘ, JAKIE DYKTOWANE PRZEZ SERCE POMYSŁY ODRZUCASZ, JAKICH SZEPTANYCH PRZEZ TWOJE SERCE POMYSŁÓW NIE CHCESZ SŁUCHAĆ. ZAPISZ JE. POPROŚ SERCE, ŻEBY CI PRZYPOMNIAŁO. NIE OCENIAJ. NIE WŁĄCZAJ GŁOWY. PO PROSTU JE ZANOTUJ. NIECH PODYKTUJE CI SERCE, A PAPIER CIERPLIWIE PRZYJMIE.

. . . .

. . . .

. . . .

. . . .

. . . .

. . . .

. . . .

. . . .

TRZECIA LEKTURA
DATA: . . . .

NAPISZ TERAZ, PROSZĘ, JAKIE DYKTOWANE PRZEZ SERCE POMYSŁY ODRZUCASZ, JAKICH SZEPTANYCH PRZEZ TWOJE SERCE POMYSŁÓW NIE CHCESZ SŁUCHAĆ. ZAPISZ JE. POPROŚ SERCE, ŻEBY CI PRZYPOMNIAŁO. NIE OCENIAJ. NIE WŁĄCZAJ GŁOWY. PO PROSTU JE ZANOTUJ. NIECH PODYKTUJE CI SERCE, A PAPIER CIERPLIWIE PRZYJMIE.

. . . .

. . . .

. . . .

. . . .

. . . .

. . . .

. . . .

. . . .

JAK MOŻNA KORZYSTAĆ Z TEJ KSIĄŻKI?

Pierwsza książka – *Zaakceptuj siebie* – zapoczątkowała model trzech lektur, które pozwalają Czytelnikowi odkrywać jego własną zmianę, cieszyć się rozwojem, zwiększającym się rozumieniem siebie, ludzi i świata wokół. Robiąc notatki, z każdą kolejną lekturą dostrzegasz, dobry i mądry człowieku, jak Twoje życie staje się coraz bardziej szczęśliwe i spełnione, wewnętrznie głębokie, prawdziwe.

Jak już wspominałam, polecam czytanie tej książki z audiobookiem. Dlaczego?

Zaakceptuj siebie nie wszyscy przeczytali do końca. Jestem w kontakcie z moimi Czytelnikami i bardzo sobie to cenię. Są osoby, które na przykład nie potrafią przejść przez rozdział VIII, *Zaakceptuj swoje źródło*, albo zatrzymują się tuż przed nim. W istocie jest on jednym z ważniejszych w procesie transformacji. W przypadku audiobooka, kiedy go włączasz, treść płynie, nawet jeżeli pojawiają się trudniejsze ćwiczenia, a co się usłyszało, tego się już nie odsłyszy. Zobacz, jakie to proste, jak sami możemy siebie przechytrzyć. Wszystkie procesy w nas, wszystkie nasze cząstki i elementy, które nie lubią zmiany, które chcą sobie siedzieć w tym grajdołku, może i niewygodnym, ale znanym, nie zdążą zareagować, a już następna treść popłynie do Twych uszu.

Trzykrotna lektura pozwala odkryć i docenić siebie, swoją zmianę. Często nie pamiętamy, jak było ciężko, a przecież potrzebujemy docenić samych siebie, poczuć smak satysfakcji z własnej przemiany. Dlatego zapisuj myśli, spostrzeżenia, Twoje odczucia, emocje, sygnały z ciała, drobne myśli, które się pojawiają. Wszystko to jest w Tobie, jest Tobą i zawiera bardzo cenne informacje dla Ciebie.

Ku memu zaskoczeniu - bo nie taka była moja intencja - książka *Zaakceptuj siebie* przypadła do gustu nie tylko dorosłym, dla których powstała, ale i nastolatkom. Mam nadzieję, że i po *Myśli w ciele* sięgną Czytelnicy w różnym wieku - każdy, kto czuje, że spokojne myśli są źródłem wewnętrznego spokoju i wszelkiej pomyślności, źródłem udanych i szczęśliwych chwil w naszym życiu. Jeśli jesteś nastolatkiem, młodą osobą i czytasz *Myśli w ciele*, to gratuluję Ci i podziwiam Cię. Wprawdzie ja sama również w podobnym wieku zetknęłam się z pozytywnymi, budującymi tytułami, ale później, w trakcie życia, te treści mi umknęły, kluczyłam i musiałam sporo przeżyć i doświadczyć, aby do nich wrócić. No cóż, dziś wiem, że moje życie byłoby prostsze, gdybym z tamtej drogi nie zboczyła, ale mówię sobie, że widocznie potrzebowałam tego zaznać, żeby jeszcze lepiej zrozumieć, czym jest akceptacja i odczuć różnicę w życiu bez niej i z nią.

Jeśli jesteś natomiast osobą w średnim wieku, to zauważyłeś/aś już, dobry i mądry człowieku, dzięki swojemu życiowemu doświadczeniu, że za każdym razem, gdy w życiu do głosu dopuściłeś/aś serce, intuicję, czystą motywację, to decyzje podyktowane przez nie po latach okazywały się właściwe. Najważniejszym jest nauczyć się odróżniać podszepty serca od głosu ego. Pierwsze podsuwa słuszne decyzje, drugie, co widać po czasie, sprowadza nas na manowce. Pokochanie siebie to nawiązanie kontaktu z własną intuicją, podpięcie się do naturalnego i niewyczerpanego źródła swojej wewnętrznej mądrości. Twoje serce, przepełnione miłością, obdzieli nią wszystkich wokoło. Wtedy wszystko lekko się układa. Słuchaj serca, proś serce. Wszystko będzie Ci dane w najlepszym dla Ciebie momencie, bo miłość jest wszechmocna. Gdy takie myśli wypełniają umysł, wszystko płynie przepięknie.

DLACZEGO *MYŚLI W CIELE*?

Kiedyś uważałam, że związek ciała z emocjami to bzdura – dlatego rozumiem każdego, kto nadal tak uważa. Czy chodzę do lekarzy? Oczywiście. Czy korzystam z dobrodziejstw medycyny akademickiej? Ma się rozumieć. Zresztą, lekarze uratowali mi życie, gdy miałam dwa tygodnie. Wtedy moja mama nie miała pojęcia, że mój ciężki stan jest związany z jej konkretnymi emocjami względem pewnych osób. Ja też nie miałam świadomości, że moje dzieci chorują z powodu emocji moich i męża. Nie wierz, sprawdź. I masz prawo sądzić, że wszystko, co jest tu napisane, to nonsens. Rozumiem to i akceptuję. Przypominam też o prawie każdego z nas do zmiany zdania. Być może w mojej piątej książce napiszę: to wszystko bzdury, ale teraz uważam, że jest inaczej. Oczywiście, najchętniej napisałabym na starość jedno dzieło pełne zweryfikowanych hipotez, ale nie wiem, ile czasu mi zostało, która z książek będzie tą ostatnią. Dlatego piszę ją i wydaję już teraz, przekazując to, co wiem, czego doświadczyłam i to, co uważam na dziś. Nie muszę mieć racji.

Do dostrzeżenia, zrozumienia i nauczenia się zależności myśl-ciało dojrzewałam długo. Najpierw gdzieś słyszałam, że ważne jest dzieciństwo, potem, że rodzina, z której się pochodzi. Mijały lata. Akurat w okresie mojej walki z systemem edukacji w Polsce moje dzieci cierpiały na alergie wziewne i pokarmowe. Stwarzało to problemy logistyczne i spotykało się z brakiem zrozumienia ze strony niektórych ludzi. Jedna z przedszkolnych mam podeszła wtedy do mnie i powiedziała, że te alergie moich dzieci świadczą o jakichś problemach w naszej rodzinie. Ta ocena była jak cios w twarz. Moja koleżanka stała obok i gdy wyszłyśmy, oburzona prawie krzyczała, że jak mogłam przystać na te słowa, zgodzić się z nimi, dlaczego nawet nie zaprzeczyłam, tylko jakoś tak dziwnie pokiwałam głową. Do dzisiaj nie wiem dlaczego. Ale te słowa padły, ja je usłyszałam, tego nie dało się odusłyszeć. To jedno zdanie jakby otworzyło moje zmysły, przyciągnęło ludzi, okoliczności.

Na argument, że moje dzieci nie miały alergii, tylko im ją wmawiałam (kiedyś spotykało się takie pomysły, serio), przytaczałam opowieść o tym, jak pani gotująca nam obiady w ogóle nie stosowała się do moich próśb i zaleceń, o czym nie miałam zielonego pojęcia. Dziecko brało kolejny antybiotyk, pani doktor mówiła, że podajemy mu coś z alergizujących produktów. Nie dawaliśmy i myśleliśmy, że pani kucharka też nie, bo wyraźnie jej wyjaśniliśmy sytuację. Na szczęście, kiedy za namową przyjaciółki zadzwoniłam i zapytałam, przyznała się od razu. Tak, moje dziecko marniało w oczach, jedząc potrawy zawierające aktywne u niego alergeny.

To, że nasze myśli zapisują się w ciele, mogę zaliczyć do największych moich życiowych odkryć i jednocześnie niespodzianek. Bardzo długo wypierałam te zależności, jednak okazały się czymś, co pomogło mnie i moim najbliższym oraz tysiącom osób ze społeczności Planeta Soni pożegnać kłopoty zdrowotne, a nawet uniknąć operacji.

O wpływie myśli na funkcjonowanie ciała pierwszy raz usłyszałam, gdy miałam 13 lat. Cierpiałam wtedy na bóle głowy, rwanie łydek w nocy i wiele pomniejszych, acz dość uciążliwych dolegliwości. W bezsilności wobec moich schorzeń i mnogich zaleceń lekarskich rodzice zabrali mnie do ośrodka, w którym stosowano co najmniej dziwne dla mnie wtedy podejście. Oczywiście cały czas byłam pod kontrolą lekarza prowadzącego, a reflekso- czy ziołoterapia nie są przez medycynę wykluczane. Nie jestem w stanie dziś powiedzieć, co sprawiło, że bóle głowy i łydek minęły. Wiem, że każdy kto z bliżej niewyjaśnionych powodów uwalnia się od bólu, nie zapomina tego uczucia i staje się bardziej otwartym na wszelkie metody radzenia sobie z zaburzeniami zdrowia. Myślę, że tamte „dziwne metody" sprawiły, że kiedy usłyszałam, że alergie u moich dzieci mają związek z moim światopoglądem, nie obraziłam się, a zainteresowałam tematem myśli w ciele.

HISTORIA IWONY, Z KTÓRĄ WYWIAD MOŻNA OBEJRZEĆ NA KANALE YOUTUBE: PLANETA SONI[1]

Otrzymałam wynik badania tomografii, który wykrył guza w macicy. Nie tego się spodziewałam, bo idąc na badanie TK, bardziej chciałam zdiagnozować swój kręgosłup, który w tamtym momencie najbardziej mi dokuczał. Pamiętam, że wynik odebrałam sama. To, co tam zobaczyłam, było dla mnie druzgocące. Tamten moment był momentem przebudzenia się. Z perspektywy czasu jednak absolutnie nie demonizuję tej choroby. Nie robię z niej mojego wroga. To był cudowny moment przebudzenia się do życia.

Od chwili zobaczenia wyniku do usłyszenia tego, że nic kompletnie mi nie jest, że zdarzył się cud, upłynęły tylko trzy miesiące. Dla mnie były to bardzo długie trzy miesiące i retrospekcja całego życia.

Pojechałam do lekarza, którego dobrze znam. Bardzo mu dzisiaj dziękuję za jego spokój. Powiedział mi wówczas: „Jest w tym miejscu guz, ma półtora

[1] Czy MEDYTACJA działa? Zobacz JAK MEDYTOWAĆ i sobie pomóc dzięki akceptacji siebie | Iwona Moczulska

centymetra do dwóch, ale nie będziemy się tym tak bardzo przejmować. Pani Iwono, sytuacja wygląda tak, że szpital w styczniu otrzyma nowiutki sprzęt do diagnostyki w kierunku badania właśnie spraw związanych z ginekologią i wtedy szybciutko weźmiemy Panią na oddział, położymy Panią na pięć dni, zbadamy, jeżeli będzie konieczność, usuniemy". Jego spokój udzielił mi się i dał poczucie, że nic strasznego się nie dzieje.

Będąc więc pod opieką lekarza, czekałam na operację. W międzyczasie postanowiłam poświęcić sobie więcej uwagi, a tak się złożyło, że miałam na to więcej czasu, gdyż w tamtym okresie na skutek pandemii zdecydowano wyłączyć ludzi z życia publicznego. Zaczęłam więc regularnie słuchać *Dobranocek dla spokoju umysłu* na grupie Planeta Soni.

„Daj światu odpocząć, zajmij się sobą".

W tamtym czasie miałam świadomość, że mam nad czym pracować. Zapisałam się do grupy VIP Spokój Umysłu. Spośród niezliczonych materiałów moją uwagę zwrócił materiał pod tytułem *Mięśniaki*. Na wizycie u mojego doktora padło, że być może to mięśniak właśnie, więc moja uwaga została skierowana w odpowiedni punkt.

Odsłuchałam tę medytację w skupieniu, w takich warunkach, które były dla mnie najbardziej komfortowe. Padło w niej zdanie, że mięśniaki to jest żal do mężczyzn. Temat jest oczywiście bardziej złożony, ale to akurat zapamiętałam. Zapaliłam sobie świecę, usiadłam w ciszy i zaczęłam wykonywać medytację z głęboką wiarą, mając z tyłu głowy Soniowe „Nie wierz. Sprawdź".

Medytacja prowadziła przez wyobrażanie sobie kolejno mężczyzn, którym mam coś do wybaczenia. Przyszli różni mężczyźni, stanęli przed moimi oczami. W tym tacy, jakich się w ogóle nie spodziewałam. Wylało się wtedy morze łez, to było niezwykle uwalniające. Poczułam tamte momenty zranienia. Otwarłam się na to, że być może te osoby wcale nie miały tego na myśli, ale ja to wtedy tak odebrałam i tak zinterpretowałam. To doświadczenie było na tyle oczyszczające, że powtórzyłam medytację jeszcze dwa razy podczas dwóch następnych dni. Ostatniego dnia już czułam lekkość, nie było żadnego żalu. Zaznałam uwolnienia.

Pamiętam, że na 16 stycznia miałam wyznaczoną wizytę u pana doktora. 15 stycznia moja córka otrzymała wynik pozytywny w kierunku Covid-19 i cała rodzina została uziemiona w domu na 3 tygodnie. Z automatu więc wizyta u lekarza przeciągnęła się w czasie. Byłam zła, że nie mogłam pójść – ileż można trwać w niepewności i permanentnym stresie? Wiedziałam jednak, że znowu mam czas dla siebie, więc słuchałam dalej materiałów z grupy Planeta Soni oraz grupy VIP.

Umówiłam się z lekarzem, że przyjadę po kilku tygodniach na wizytę, bo potrzebuje mnie jednak zobaczyć raz jeszcze, zanim trafię do szpitala, żeby mieć pełen obraz, a skierowanie na operację będzie już na mnie czekało.

Całą drogę na wizytę powtarzałam sobie jak mantrę, że „Tam nic nie ma, tam nic nie ma". W ogóle się już wtedy nie stresowałam. Być może ten czas, który był mi dany, pozwolił mi oswoić się z sytuacją. Wchodząc do gabinetu, kiedy zobaczyłam skierowanie, znów na moment pojawiło się napięcie i myśli: „Czyli będę musiała przez to przejść. Nie ucieknę przed tym. Nikt mnie teraz nie uratuje". Był to trudny moment.

Jednak kładąc się do badania, byłam już na powrót spokojna. Podczas badania lekarz zamilkł. Nie zwróciłam na to uwagi, choć cisza się przeciągała. W pewnym momencie, kiedy się ocknęłam, zapytałam, czy wszystko dobrze. Lekarz spojrzał na mnie i powiedział z niedowierzaniem w głosie: „Pani Iwono, tutaj nic nie ma". Nie potrafię powiedzieć, co się wtedy we mnie zadziało. Próbowałam dopytać lekarza, czy to jest możliwe, czy tak się zdarza. Powiedział mi, że zdarzają się takie cuda. Padło to słowo – cuda. Praca, którą wykonujemy sami z sobą i moment porozumienia się ze swoim wnętrzem może zdziałać cuda.

W nauce mówimy o dowodzie anegdotycznym, kiedy coś pomogło jednostce. W opisanej sytuacji, możemy mówić o *case study*, gdyż dokumentacja medyczna potwierdza słowa pacjentki. W medycynie akademickiej/klasycznej jest miejsce na niespodziewaną poprawę zdrowia, której nie tłumaczą stosowane metody i czynniki, możemy przeczytać o tym w książkach (Jośko-Ochojska, 2019, 2022). Na opisanie zjawisk niewytłumaczalnego wyzdrowienia używa się terminu „cud". Osobiście myślę, że łatwiej byłoby medykom wpaść na trop tych niewytłumaczalnych czynników stojących za niespodziewanym powrotem do zdrowia pacjenta, gdyby skrupulatnie katalogowano każdy taki przypadek.

Pewien szanowany lekarz opowiadał mi o kobiecie, która zgłosiła się do szpitala i u której potwierdzono terminalny stan spowodowany chorobą nowotworową. Opowiadał poruszony, że kliniki w Wielkiej Brytanii oraz w Niemczech zakwalifikowały ten przypadek jako nieuleczalny. Młoda kobieta wróciła do ojczyzny, żeby pożegnać się z rodziną, a w geście rozpaczy udała się na badania do jeszcze jednego polskiego szpitala. Diagnoza powtórzyła się. Również w Polsce zdiagnozowano ten przypadek jako terminalny. Po ostatniej wizycie pacjentka ta udała się do jakiegoś centrum medytacyjnego i wróciła całkowicie do zdrowia. Potwierdziły to badania w ośrodkach w Polsce, Wielkiej Brytanii i Niemczech. Zaciekawiona tą historią, zapytałam, jaki to ośrodek, ale tego pan doktor nie wiedział. Zapytałam też, dlaczego lekarze, medycy, naukowcy nie opisują i nie katalogują takich przypadków. Odpowiedź tego znamienitego lekarza dała mi do myślenia. Odpowiedział: „Pani Soniu, bo takich przypadków jest bardzo mało". Ale czy to znaczy, że mamy się nimi nie interesować?

I

PARADYGMATY NAUKOWE

SKĄD SIĘ BIORĄ CHOROBY, URAZY, KONTUZJE, WYPADKI?

Dr Sinielnikow w książce *Tajemnice podświadomości* (2008:38) pisze, że ból jest zdrową reakcją nerwów, które mówią do nas, że coś jest nie tak. Ból jest pierwszym ze sposobów komunikacji podświadomości ze świadomością za pośrednictwem ciała. Tłumienie tych przekazów tabletkami przeciwbólowymi na dłuższą metę zmusza podświadomość do wyboru radykalniejszego sposobu na zwrócenie na nią uwagi. Stąd tak cenni są lekarze postrzegający człowieka holistycznie. Współczesne odkrycia naukowe i praktyka medyczna dowodzą, że wciąż nauczany na studiach model newtonowsko-kartezjański nie przynosi rozwiązania problemu, czyli nie odwołuje się do przyczyn choroby, a jedynie próbuje usunąć skutki, jest leczeniem objawowym. To sprawia, że zamiast starań o wyleczenie pacjenta, jedynie tłumi się występujące objawy.

Jak już wspomniałam, kiedyś zupełnie nie widziałam związku między tym, co myślę, mówię i robię, a tym, co przydarza mi się w życiu. Żyło nam się więc tak, jak innym ludziom wokół mnie, czyli różne sytuacje się przydarzały, do różnych lekarzy się chodziło, chorowałam ja, chorowały dzieci. Uważałam, że to jest normalne, że wszystkim się to przytrafia i w moim codziennym zmaganiu nie ma niczego nadzwyczajnego. W końcu było ze mną już tak źle, że obok różnych konsultacji lekarskich i rehabilitacji, zaczęłam uczęszczać na zajęcia z trenerem indywidualnym. To odkrycie zależności myśl-ciało omawiałam w pierwszej części serii *Osobistych książek z ćwiczeniami* (*Zaakceptuj siebie*, 2021:16-20). Opisuję tam, jak bardzo dokuczało mi jedno miejsce w kręgosłupie: prawa strona przy ostatnim kręgu z odcinka piersiowego. Potrafiłam je dokładnie zlokalizować. Najpierw wykonywałam ćwiczenie dobrego mówienia o sobie, które ku mojemu ogromnemu zdziwieniu pomogło. Napięcie wyczuwalne przez terapeutę odpuściło. To był dla mnie szok. Ktoś naciska konkretny punkt na moich plecach, mówi, że jest tam blokada, że bardzo źle myślę o sobie. Ja zaprzeczam, a mam już wtedy stopień naukowy, męża, dzieci i z pozoru szczęśliwe życie. No...

tylko nie potrafiłam wykonać prostego ćwiczenia, czyli skomplementować siebie, powtórzyć w samochodzie: „Jestem mądra, jestem inteligentna, jestem piękna". W końcu, po kilku tygodniach zdobywam się na ten krok, ktoś naciska i mówi: no, powtarzałaś. Skąd? Jak? Byłam zdumiona. Szkoda, że nie mam zdjęcia miny, jaką wtedy zrobiłam. Jakim cudem to, że coś sobie powtarzałam, wpłynęło na zmniejszenie napięcia w danym punkcie w ciele? Wtedy nie wiedziałam, że to dopiero początek mojego zdziwienia i niedowierzania.

Ten punkt dawał o sobie znać wiele razy na późniejszych sesjach. Mija kilka lat, a ja następnego dnia mam kolejną sesję na blokadę w tamtym miejscu właśnie. Ilość traum i zdarzeń, które tam się „zapięły" nie przestaje mnie zaskakiwać. Za każdym razem kiedy już miało być lepiej i mogłam wrócić do regularnego tańca i ćwiczeń, wydarzało się coś, po czym ów punkt dawał o sobie znać. Nawet doskonały i profesjonalny masażysta potrafił boleśnie go uruchomić. Ostatni raz przypomniał o sobie w marcu 2023 roku, podczas dużego wzrostu naszej organizacji, gdy zatrudniłam kluczową osobę. Bardzo zaczął dokuczać mi lewy bark pod łopatką. Wróciłam do moich sposobów, czyli: terapeuci, rehabilitanci, różne inne metody oraz całkowite zajęcie się sobą. Prowadzę wywiad z Izą Kopp-Pietrzak, na zakończenie proszę, by podpisała mi swoje książki. Korzystam z okazji, mówię o moim bolącym barku, potrafił promieniować aż po łokieć, nie mogłam wygodnie spać. Popatrzyła na mnie, dotknęła słynnego punktu na plecach, powiedziała: „Tu masz blokadę" i poszła. Wzięłam odpowiedzialność za ten punkt, ta informacja miała mi wystarczyć.

W Łodzi na jej warsztatach chciałam zająć się tym punktem ponownie, ale kiedy usiadłam do mojego ustawienia, pokazała się zupełnie inna historia. Wróciłam wieczorem do pokoju i położyłam się z myślą: „Ojej, zapomniałam o moim punkcie". Zasnęłam. Zazwyczaj śpię tak mocno, że nie pamiętam, co mi się śniło. Tym razem obudziłam się rano i pamiętałam wszystko: to była trudna sytuacja, mówiłam o tym jakiejś pani, ta pani mnie wysłuchała, ale nic z tym nie zrobiła. Obudziłam się, czując wszystkie te emocje. Zaczęłam oddychać świadomie: na wdechu powtarzałam słowo „Akceptuję", na wydechu „Odpuszczam". Oddychałam tak spokojnie przez dobrych kilka minut, czekałam, aż emocje odpuszczą, serce się uspokoi. Poczułam, jakby ktoś wyjął z tego punktu bolec. Niesamowite uczucie lekkości. I jak po każdej sesji czy terapii uznałam, że no teraz to już tam jest „czysto". Zrobione.

Jednak przy intensywnych skokach w ramach ćwiczeń aerodynamicznych znowu czułam ten punkt. Ustawienia, indywidualne sesje, docieram do traumy z czasów... napoleońskich. Tak rozpisuję się o tym wszystkim, bo jest to dla mnie pasjonująca podróż w głąb siebie, bo ciało zawiera wszystkie odpowiedzi na wszystkie pytania, choć często ukryte głęboko. Nie pytam „Dlaczego mnie to spotkało?", tylko „Czym to zdarzenie sobie przywibrowałam? Co jest w moim ciele, umyśle, duszy takiego, może odziedziczonego, może nabytego, co przyciągnęło tego człowieka, sytuację, zdarzenie?". Gdy to piszę, jest świt, a za oknem słychać wywożenie śmieci. To niezła analogia: sesje, praca z sobą, dbanie o myśli i docieranie do emocji odziedziczonych lub nabytych, które blokują przepływ energii w ciele, jest jak wywożenie śmieci, bo traumy małe i duże, odziedziczone lub nabyte w drodze doświadczenia życiowego potrafią skutecznie zaśmiecać nasze wnętrza, dając o sobie znać poprzez ciało i zdarzenia w życiu. Ludzie nie widzą związku? Nie szkodzi, nie muszą. Ja widzę, doświadczam, testuję i dzielę się moimi obserwacjami z tymi, którzy mają ochotę na podróż w głąb siebie, by spotkać się z sobą w swojej prawdzie. Moje *Spokojne Planery* powstały właśnie na podstawie takich porannych sesji, takiego bycia ze sobą.

Wszystkie ćwiczenia, dzięki którym dziś już ani ja, ani moja rodzina nie mamy żadnych dolegliwości, zebrałam dla Ciebie, dobry i mądry człowieku, w *Zaakceptuj siebie* (2021). Wykonywanie ich i wchodzenie na tory odczuwania szczerej miłości do siebie, ludzi i świata gwarantuje życie w zdrowiu, szczęściu i pomyślności. Wejście na drogę "Kocham siebie, kocham ludzi, kocham świat" po prostu się opłaca. Mieliśmy kiedyś bardzo pokaźną apteczkę w domu. Jednak odkąd zaczęłam zajmować się sobą, coraz mniej chorowaliśmy, a leki kolejno traciły ważność. Nie kupowaliśmy nowych, bo po co, skoro wszyscy zdrowi. Nie tak łatwo zmienić swoje myśli i przestawić się na odpowiednie tory, ale jest to możliwe i z całą pewnością jest warte wysiłku.

Dlaczego niektórzy nie uznają połączenia myśli z ciałem? Osoby doświadczające tej samej sytuacji, w tym samym kontekście, mogą zupełnie inaczej je interpretować. Kluczem są nasze wyuczone reakcje na to, co się wydarza. Jeżeli, na przykład, ktoś skaleczywszy się w palec, poczuje się jak ofiara, może podobnie zareagować, gdy wydarzy się coś poważniejszego. A ktoś inny, kto nie stawia siebie ani w roli ofiary, ani wybawcy, ani kata, docenia każdą okoliczność i jest pełen wdzięczności za wszystko, co się wydarza, kiedy przychodzą trudne sytuacje, tak samo w wyuczony sposób na nie odpowiada – zamienia je w szanse, jest pełen ufności. W dodatku to samo zdarzenie będzie inaczej kojarzyć się różnym osobom, bo każdy ma inne doświadczenia, historię i przez to będzie inaczej reagować, pamiętać, a wreszcie i somatyzować. Przy czym pojawiają się czasem sytuacje dotykające całej populacji, jak na przykład podczas pandemii od początku 2020 roku, kiedy poczucie zagrożenia było dodatkowo podsycane przez polityków i media. Wiele osób w jakiś czas po tym, gdy emocje już opadły, zaczęło odczuwać problemy z tarczycą. Bo odpowiada ona nie tylko za poczucie czasu, chęć przyspieszenia lub zwolnienia, ale też poczucie zagrożenia. Dodatkowo strach somatyzuje się w płucach, co może wiele tłumaczyć. Choć ludziom teoretycznie przydarza się to samo, to każdy trochę inaczej to odbiera i układa sobie w głowie. W dodatku nie wszyscy przyjmują do świadomości fakt, że to własnymi myślami i własnym podejściem do siebie, ludzi i świata organizujemy swoje zdrowie i swoje życie tym samym. Choroby mogą więc pojawić się, kiedy schodzimy ze ścieżki „Kocham siebie, kocham ludzi, kocham świat". A dlaczego chorują nasze dzieci? Ponieważ chłoną emocje rodziców. I w żadnym wypadku nie jest to wina ich opiekunów - nikt nie chce źle dla swoich dzieci, bywamy po prostu nieświadomi (ja też jako rodzic mam błędy na swoim koncie). Co więcej: na ten mechanizm u dzieci nie mamy wpływu. Jest on powiązany z instynktem przetrwania: lepszy stan dorosłego osobnika daje większe szanse na przeżycie młodego, więc dzieci podświadomie nas odciążają. Choć odbiór i interpretacja różnych sytuacji życiowych są bardzo indywidualne, to wystąpienie określonych myśli często manifestuje się w naszym ciele w konkretny sposób. Te zależności myśl-ciało rozwinę w dalszych rozdziałach.

Wypadki to z kolei następstwo skumulowanej energii związanej z myślą i emocją. Mówię tu o emocjach innych niż akceptacja, odpuszczenie i miłość. W zależności od tego, jak długo ta energia była w Twoim ciele i jakie było jej natężenie/intensywność, wychodząc, dokonuje mniejszych lub większych zniszczeń.

Nieważne, czy denerwujesz się na siebie, na Twoje dziecko czy na polityków – dla Twojego ciała i zdrowia liczy się sama myśl i emocja, która może pociągać za sobą podobne skutki, niezależnie od jej adresata. Warto podkreślić, że wszystkie emocje, które są naszym udziałem, są dobre, bo są przede wszystkim informacją o tym, co w nas się dzieje. Dlatego jeżeli niebudujące emocje zagoszczą w Twoim wnętrzu – nie tłum ich i nie wypieraj, wyrzuć je z siebie od razu, przechodząc do ćwiczenia.

ĆWICZENIE

To ćwiczenie pochodzi z wcześniej wspomnianej książki *Tajemnice podświadomości*. Jeśli choroby, urazy i wszystko, co nam się przydarza, jest zapisane w podświadomości, żeby dotrzeć do ich przyczyn, potrzebujemy się z ową podświadomością skontaktować. Niniejsze ćwiczenie jest jednym ze sposobów nawiązania takiego kontaktu (2007:33-35).

1. Nawadniamy organizm, pijemy wodę małymi łykami przez cały dzień, kładziemy się wcześniej spać. Wyspani i wypoczęci przystępujemy do ćwiczenia.
2. Należy się wyciszyć, zrelaksować i położyć wygodnie w ciszy i skupieniu, by móc uważnie i dokładnie obserwować zmiany zachodzące w ciele.
3. Zadajemy pytanie, szepcząc lub na głos: „Czy moja podświadomośc jest gotowa na komunikowanie się ze mną na świadomym poziomie?".
4. W skupieniu czekamy na jakiekolwiek sygnały z ciała (swędzenie, mrowienie, skurcz, ruch, pieczenie).
5. Podziękuj podświadomości za wysłane Ci za pośrednictwem ciała sygnały, szepcząc „Dziękuję Ci, kochana podświadomości".

6. Po odnotowaniu tego sygnału z ciała jeszcze nie wiemy, czy oznacza on „Tak, chcę", czy „Nie, nie chcę", dlatego poproś swoją podświadomość: „Jeśli odpowiedź oznacza «Tak, jestem gotowa na nawiązanie kontaktu z moim świadomym umysłem», to proszę o powtórzenie tego sygnału w ciele, może nawet mocniej. Jeśli natomiast ten sygnał z ciała oznacza «Nie, nie jestem gotowa na komunikację», to uczyń ten sygnał bardzo słabym lub niech całkowicie zniknie".

Jeśli podświadomość odpowie „nie", to z szacunkiem i wyrozumiałością dziękujemy jej za odpowiedź i odpuszczamy, zabierając się za czynności dnia codziennego. Ważnym jest, żeby przy odpowiedzi negatywnej czuć wdzięczność za to, że łączność z podświadomością została nawiązana. My też nie zawsze mamy ochotę na rozmowę z kimś. Dzieje się tak, kiedy podświadomość nie jest gotowa przez np. długotrwałe zmęczenie, zły humor, niesprzyjające otoczenie, hałas, brak poczucia bezpieczeństwa i intymności sytuacji, nieufność do samego siebie.

Jeśli mamy już ustalony wzorzec odpowiedzi na tak i na nie, możemy zadać podświadomości kilka pytań. Głównie w obszarze, czy coś jest dla mnie dobre, czy nie. Te pytania nie mogą dotyczyć przyszłości. Pytania zadajemy dokładnie i jednoznacznie, tak, by były zrozumiałe dla czteroletniego dziecka. Przykładowe pytania:

„Czy jest we mnie złość na mojego ojca?"

„Czy jest we mnie gniew na moją matkę?"

Jeśli sygnały z ciała będą wyraźne, można od razu włączyć ćwiczenie oddechowe uwalniające zlokalizowany w ciele gniew lub złość.

PIERWSZA LEKTURA
DATA: . . . .

ODCZUCIA, MYŚLI I REFLEKSJE:

. . . .

. . . .

. . . .

. . . .

. . . .

. . . .

DRUGA LEKTURA
DATA: . . . .

ODCZUCIA, MYŚLI I REFLEKSJE:

. . . .

. . . .

. . . .

. . . .

. . . .

TRZECIA LEKTURA
DATA: . . . .

ODCZUCIA, MYŚLI I REFLEKSJE:

. . . .

. . . .

. . . .

. . . .

. . . .

. . . .

W powiedzeniu „Nie ma przypadków" moim zdaniem znajduje się uznanie przyczynowości i sensu wszystkiego, co się dzieje wokół nas. Tym samym choroby czy urazy też nie są przypadkowe. Choroby, dolegliwości i wypadki są wynikiem niebudujących emocji, które w nas powstały lub które przejęliśmy i zatrzymaliśmy w naszym wnętrzu, nawet tych, które pobyły w nas tylko jakiś czas i już nas opuściły. Dlatego dbaj o siebie i nie czekaj, aż te toksyny (złość, żal, wstyd itp.) zaczną się kumulować, tylko usuwaj je na bieżąco, napełniaj się wdzięcznością i wybaczeniem, aż dojdziesz do codziennego „Kocham siebie, kocham ludzi, kocham świat". Daj sobie czas na tę przemianę – każdy go potrzebuje. Zapewniam Cię, dobry i mądry człowieku, ja też potrzebowałam dużo czasu, żeby się do tej wizji przekonać i wprowadzić ją w życie. Może Ty jesteś już przekonany, a może nigdy się do tego nie przekonasz. Cokolwiek jest i się wydarzy, jest w porządku.

NAJPIERW MYŚL **CZY EMOCJA?**

W książce *Zaakceptuj siebie* wskazuję na różne podejścia do pierwszeństwa myśli względem emocji. Wielu docieka, co było pierwsze – emocja czy myśl? Ta dyskusja dotyczy współzależności emocji i procesów poznawczych, które tworzą złożoną sieć interakcji. Według Antonia Damasia (1999) emocje stanowią nieświadome reakcje na bodźce zewnętrzne i wewnętrzne, które wyzwalają specyficzne reakcje cielesne, a ich trzy składowe obejmują aspekty neurologiczne, ekspresyjne oraz subiektywne. Jednakże, emocje nie są jedynie biologicznymi reakcjami – złożoność ich doświadczania i interpretacji zależy od naszych doświadczeń osobistych i wpływu kultury (Frijda, 1988).

W kontekście poznawczym, Richard Lazarus zwraca uwagę na procesy oceniania jako kluczowe dla powstawania emocji, podkreślając ich relacyjny charakter z osobistymi celami i interpretacją wydarzeń

(Lazarus, 1999). Dyskusja nad pierwszeństwem między emocją a myślą trwa od lat w debatach psychologów. Jednak, jak mówi Lazarus, dyskusja ta traci sens w życiu rzeczywistym - emocje i myśli wzajemnie na siebie wpływają, tworząc zawiłe sieci oddziaływań. Podsumowując, emocje nie są wyłącznie biologicznymi reakcjami, lecz są związane z interpretacją wydarzeń i ich znaczeniem. Kultura, doświadczenia osobiste oraz procesy poznawcze łączą się, definiując i kształtując nasze emocjonalne reakcje na świat.

ZBIERZ DANE NA WEJŚCIU

Tradycyjnie już w serii *Osobistych książek z ćwiczeniami* w tej części dokonujemy własnych pomiarów danych na wejściu, by móc porównać je z danymi, które zbierzemy na końcu tej książki, i poczuć efekty wykonanych ćwiczeń.

Nikt nie mówił, że naukowcy mają lekko. Iluż wybitnych lekarzy, naukowców, nauczycieli i pedagogów nie dożyło uznania ich odkryć, doświadczeń, mądrości i wiedzy przez im współczesnych? Iluż wybitnych, cytowanych dziś i szanowanych autorów książek i publikacji naukowych przeżyło wiele lat swojego życia, wysłuchując pogardliwych komentarzy i czytając kpiny na swój temat, będąc odrzuconym przez swoje środowisko?

Na szczęście są też naukowcy, których teorie umiejętnie wprowadzone do naukowego świata zyskują zwolenników i następnie są objaśniane tak, by wszyscy mogli skorzystać z ich dobrodziejstw. Takim naukowcem jest moim zdaniem Stephen W. Porges, a teorią bardzo dobrze przyjętą w środowisku naukowym jest jego teoria poliwagalna (2011).

Zrób przegląd ciała, by powrócić do niego po każdej z lektur książki. Będzie to opis, stan na dziś, na ile oceniasz od 1 do 10 sprawność wymienionych obszarów ciała.

CIAŁO – JEGO STAN NA DZIŚ. INWENTARYZACJA

	I LEKTURA DATA:
ODCINEK SZYJNY KRĘGOSŁUPA	
ODCINEK PIERSIOWY KRĘGOSŁUPA	
ODCINEK LĘDŹWIOWY KRĘGOSŁUPA	
KOLANA	
JELITA	
ALERGIE/NIETOLERANCJE	
SERCE	
TARCZYCA	
NERKI	
WAGA	

CIAŁO – JEGO STAN NA DZIŚ. INWENTARYZACJA

	II LEKTURA DATA:
ODCINEK SZYJNY KRĘGOSŁUPA	
ODCINEK PIERSIOWY KRĘGOSŁUPA	
ODCINEK LĘDŹWIOWY KRĘGOSŁUPA	
KOLANA	
JELITA	
ALERGIE/NIETOLERANCJE	
SERCE	
TARCZYCA	
NERKI	
WAGA	

CIAŁO – JEGO STAN NA DZIŚ. INWENTARYZACJA

	III LEKTURA DATA:
ODCINEK SZYJNY KRĘGOSŁUPA	
ODCINEK PIERSIOWY KRĘGOSŁUPA	
ODCINEK LĘDŹWIOWY KRĘGOSŁUPA	
KOLANA	
JELITA	
ALERGIE/NIETOLERANCJE	
SERCE	
TARCZYCA	
NERKI	
WAGA	

Który z wyżej wymienionych obszarów decydujesz się poprawić? Wybierz jeden element z listy powyżej i na nim się skup, czytając/słuchając jednocześnie całą książkę. To ważne. Załóż, że wybrany obszar się poprawi. A dlaczego tak się stanie? Bo to Twoja decyzja. Poniżej zanotuj, którym obszarem chcesz się zająć najpierw. Dokończ zdanie:

PIERWSZA LEKTURA
DATA: . . . .

DECYDUJĘ SIĘ POPRAWIĆ STAN:

. . . .

. . . .

DRUGA LEKTURA
DATA: . . . .

DECYDUJĘ SIĘ POPRAWIĆ STAN:

. . . .

. . . .

TRZECIA LEKTURA
DATA: . . . .

DECYDUJĘ SIĘ POPRAWIĆ STAN:

. . . .

. . . .

Nie wszystko musisz przyswoić od razu. Nie dlatego, że nie rozumiesz, tylko dlatego, że mój sposób tłumaczenia nie musi być dla Ciebie najbardziej przystępny, oczywisty czy zbliżony do Twoich preferencji i Twojego poziomu świadomości czy otwartości.

II

SPOKÓJ UMYSŁU

W tym rozdziale, zajmiemy się spokojem umysłu, gdzie na przykładzie konkretnej historii z mojego życia pokażę Ci, dobry i mądry człowieku, jak odkryłam własny postęp w kochaniu siebie i jak bardzo pozwala ono zaoszczędzić nam życiową energię. Kiedy ktoś pyta, skąd mam tyle spokoju i siły, odpowiadam: między innymi dlatego, że przez coraz głębsze pokochanie siebie, czyli pilnowanie myśli na swój temat, nie tracę ich w sytuacjach, w których pozbawiałam się ich kiedyś.

WŁASNY POSTĘP

Kiedyś, kilkanaście lat temu dość często gubiłam klucze od samochodu, od gabinetu czy sal na uniwersytecie. Potrafiłam zabrać je do domu, włożyć do szuflady, do kieszeni, do lodówki, sokowirówki... Kładłam je w najmniej spodziewanym miejscu. Ćwiczenia, które zebrałam w *Zaakceptuj siebie*, pomagają w powrocie do zdrowia i osiągnięciu spokoju. Okazało się, że wyciszyły mnie one na tyle, że przestałam gubić klucze. Nauczyłam też domowników, aby nie dawali mi kluczy do ręki, kiedy zamkną coś, o co prosiłam, bo mogę być w danym momencie zajęta i odłożyć je w zupełnie dziwne miejsce. Przestałam gubić klucze i tak przyzwyczaiłam się do nowej wersji samej siebie, że myślałam, że zawsze tak będzie. Aż do dnia, w którym jednak zgubiłam, przynajmniej tak wszyscy myśleliśmy, kluczyki od samochodu. Tym razem jednak zupełnie inaczej zareagowałam.

Żeby odczuć tę różnicę cofnijmy się w czasie o kilkanaście lat, kiedy moje pierwsze dziecko było jeszcze małe. Pracowałam jako tłumaczka przysięgła, więc w moim gabinecie było sporo dokumentów. Zamykałam go na klucz, bo dawało mi to poczucie bezpieczeństwa i należytej dbałości o powierzone mi sprawy. To były czasy, gdy o RODO nikt nie słyszał, ale czułam, że są to dane wrażliwe i że nikt nie powinien mieć do tych dokumentów dostępu. Zamykałam gabinet na klucz również po to, żeby dzieci przypadkiem nie weszły i nie narysowały kwiatuszków na jakimś tłumaczeniu. Jednak pewnego dnia zgubiłam ten klucz. Po kilku godzinach intensywnego poszukiwania postanowiliśmy wyważyć drzwi, by móc dostać się do środka. Byłam załamana, bo wiedziałam, że to ja gdzieś dałam ten klucz, tylko nie miałam pojęcia gdzie. Jak na ironię, klucz znalazł się, jak tylko mąż rozwalił zamek, żeby dostać się do gabinetu. Wziął narzędzia, weszliśmy do środka, a ja, wracając, przesunęłam wózek i okazało się, że w jednym z jego zagłębień leży pęk moich kluczy. Pamiętam, jak fatalnie się czułam, przez kilka dni to przeżywałam i, chociaż nikt nie robił mi żadnych wyrzutów, było mi z tą sytuacją bardzo źle. Żal, smutek, frustracja – pamiętam tamte emocje. Z czasem, gdy zaczęłam wykonywać ćwiczenia umacniające spokój umysłu i miłość do siebie, nauczyłam się odkładać klucze na miejsce i ten problem po prostu zniknął.

Przenieśmy się teraz kilkanaście lat później od tamtego wyważenia drzwi. Wchodzę do domu, trzymam kluczyki samochodowe, kładę je na stole i zajmuję się rozmową. Po chwili przyjeżdża mój teść i prosi, aby przestawić samochód, bo chciał coś wyciągnąć z garażu, ale kluczyki zniknęły. Wszyscy zaczęliśmy ich szukać i przypomniały się wszystkim sytuacje sprzed wielu, wielu lat, kiedy scena pt. „Cała rodzina szuka kluczy, które Sonia gdzieś odłożyła" była codziennością w naszym domu. Nikt nie miał wątpliwości, że ostatnią osobą, która miała klucze, byłam ja. I znowu nikt nie robił mi wyrzutów, tylko wszyscy zaangażowaliśmy się w poszukiwania. Kluczyków nie było nigdzie: ani w torebce, ani w kieszeniach, ani w lodówce, ani nawet w piekarniku. Wtedy się podpięłam (omówię to ćwiczenie w dalszej części książki) i pomyślałam, że te klucze wcale nie są zgubione, że to z pewnością pomyłka. Szukaliśmy więc dalej. W pewnym momencie już poprosiłam męża, aby wziął kluczyki zapasowe. Mąż nie chciał, ponieważ twierdził, że jak również je zgubimy, to naprawdę nie będzie już jak otworzyć samochodu, dlatego zwlekał z tym do ostatniej chwili. W końcu poddał się i po nie poszedł, a wtedy mój syn, radosny nastolatek, przyniósł kluczyki, które zniknęły. Zabrał je w ramach żartu. Uśmiechnęliśmy się, no bo cóż zrobić w tej sytuacji. Poprosiliśmy, aby jednak ten rodzaj figli darował sobie następnym razem.

To, co w tych nowych poszukiwaniach kluczy istotne, to fakt, że w środku, w tej miłości do siebie, w tej akceptacji życia i wszystkiego, co się dzieje, nie biczowałam się. Praktycznie w ogóle nie miałam do siebie pretensji. Wtedy poczułam różnicę – i to jest sens tych wszystkich ćwiczeń: by zmienić swoją postawę i odczuć związany z nią wewnętrzny luksus. Pamiętam, jak kilkanaście lat wcześniej byłam przez wiele, wiele dni pod wpływem ciężaru tamtego rozwalonego zamka i klucza, którego nie można było znaleźć, a teraz nic: nie ma klucza, to nie ma. To, co różni te dwie sytuacje, to mój wewnętrzny stan w trakcie poszukiwań klucza: za pierwszym razem byłam zestresowana, sfrustrowana i zawiedziona sobą, a za drugim razem byłam cały czas spokojna.

Ta historia była dla mnie jak olśnienie, bo w trakcie poszukiwań miałam zupełnie inne myśli niż kilkanaście lat temu. Zupełnie czegoś innego doświadczałam, nawet trochę bawiła mnie ta sytuacja. Nie karciłam się w myślach, nie powtarzałam sobie, jak kiedyś, że jestem beznadziejna, roztrzepana, bałaganiara, wszystko, co najgorsze. Oj, wiele tych inwektyw wysyłałam pod własny adres, szczególnie kiedy zawiodłam, nie sprostałam, nie stanęłam na wysokości zadania. Kiedyś każdorazowe szukanie kluczy to była moja wewnętrzna autochłosta myślami i słowami. Już zapomniałam, że myślałam kiedyś o sobie tak źle, że taka byłam dla siebie surowa i niesprawiedliwa.

Przez lata skupiałam się na zaakceptowaniu siebie, na zadaniach, które zebrałam w książce, na akceptacji ludzi i świata, na praktykowaniu dewizy „Kocham siebie, kocham ludzi, kocham świat" i – ku memu zdziwieniu – choć znów wszystko wskazywało na moją winę: to ja zgubiłam klucze, ja miałam je ostatnio w ręku, ani jedną myślą nie zbeształam siebie. Dostrzegasz tę różnicę? Nie krytykowałam siebie, nie byłam na siebie zła jak kiedyś, w sumie to wspólne szukanie kluczy nawet mnie śmieszyło, bo przypomniało mi dawne czasy. Poczułam moc afirmacji, że jestem zorganizowana i konkretna. Było mi lekko. Kiedy klucze wróciły, przyniesione przez żartownisia, zauważyłam, że nie jestem zła jak kiedyś i że nie jestem zmęczona po samobiczowaniu, po którym czułam się beznadziejnie rozczarowana sobą.

Teraz w ogóle nie miałam takich odczuć ani takich myśli, choć wszyscy, łącznie ze mną, byli pewni, że to ja te klucze zgubiłam. Czułam spokój, akceptację dla tego, co się stało, miłość do siebie za to, że jestem jaka jestem. Nie odczuwałam ani krzty poczucia winy, które kilkanaście lat wcześniej zżerało mnie od środka przy każdej okazji. Teraz w ogóle się nie pojawiło. Zaowocowały wszystkie ćwiczenia i zmiana myślenia, pozwalając zaoszczędzić mnóstwo energii i zdrowia.

Pilnowanie swoich myśli przynosi korzyści również naszym dzieciom. Każdy rodzic doskonale wie, jak spada u niego próg tolerancji i cierpliwości, kiedy ciało jest zmęczone, zestresowane, kiedy umysł jest nieszczęśliwy i sfrustrowany. Po tej sytuacji popatrzyłam tylko w radosne oczy syna i poprosiłam, żeby na przyszłość takich kawałów nie robił. Jednak nie było we mnie złości, raczej rozbawienie. Wewnętrzna miłość do siebie przez zachowanie spokoju i radości, pozwala nam traktować lepiej innych. Mamy więcej cierpliwości i zrozumienia. Tu zgadzam się z Carlem Gustavem Jungiem, że jednakowo ważne jest wychowanie dzieci, jak i rodziców. My, rodzice, potrzebujemy zwrócić się ku sobie, ku naszemu wnętrzu i zadbać o własny spokój, biorący się z akceptacji siebie.

Ponadto Jesper Juul mawiał, że dzieci nas nie słuchają, dzieci nas obserwują (2015). To oznacza, że kluczowe i podstawowe jest zajęcie się swoimi myślami, szczęściem i miłością do siebie, by móc posłużyć za wzór.

ĆWICZENIE – PODPIĘCIE

Ćwiczenie to ma na celu wyciszenie się, a następnie połączenie się z Siłą Wyższą, zaczerpnięcie rozwiązań płynących z Wszechświata, otwarcie się na nie i napełnienie się zaufaniem. Różnie możemy to nazywać, głównie chodzi tu o stan natchnienia, spłynięcia pomysłu, oświecenia, eureki. Wspiera także poczucie, że Najwyższa Inteligencja czuwa, jest z Tobą, jest w Tobie i zawsze można się wesprzeć jej mądrością. Usiądź, wykonaj kilka świadomych oddechów i kilka obrotów ramionami do przodu i do tyłu. Zamknij oczy i oddychając swobodnie wyobraź sobie, jak z Twoich ramion albo z Twojej głowy (poczujesz, z którego miejsca najlepiej) wyrasta coś na kształt pantografu trolejbusu czy tramwaju, który podłącza go do energii elektrycznej. Poczuj, jak podnosi się ten Twój odbierak, jak biegnie do góry i z kosmosu, z odległej przestrzeni czerpie spokój, dobrą energię, rozwiązanie tego, co Cię trapi. Poczuj, jak świetlistym kanałem pobierasz wszystko, co najlepsze dla Ciebie: wyciszenie, siłę, odwagę, mądrość i rozwiązanie, które jest Ci w danym momencie potrzebne.

Oddychaj spokojnie. Wyobraź sobie, że już wszystko jest załatwione. Niech pobieranie ze źródła się zakończy. Połóż dłonie na klatce piersiowej i poczuj wdzięczność za to wsparcie i z ufnością oraz spokojem wróć do swoich spraw. Wszystko jest w porządku.

PIERWSZA LEKTURA
DATA: . . . .

ODCZUCIA, MYŚLI I REFLEKSJE:

. . . .

. . . .

. . . .

. . . .

. . . .

. . . .

DRUGA LEKTURA
DATA: . . . .

ODCZUCIA, MYŚLI I REFLEKSJE:

. . . .
. . . .
. . . .
. . . .
. . . .

TRZECIA LEKTURA
DATA: . . . .

ODCZUCIA, MYŚLI I REFLEKSJE:

. . . .
. . . .
. . . .
. . . .
. . . .
. . . .

SPOKÓJ A ZDROWIE DZIECI

Myślę, że to będzie jeden z najtrudniejszych rozdziałów tej książki. Zacznę od mocnego cytatu z Sinielnikowa. Jeśli ktoś w tym miejscu rzuci książkę w kąt – akceptuję to, ale jeśli będzie czytał dalej, wypełni moje serce radością, ponieważ uczyni wiele dobrego dla siebie i swojego dziecka lub swoich dzieci. Weź głęboki oddech, proszę. Oto, co doktor Sinielnikow pisze w *Tajemnicach podświadomości* na stronie 66: „Osądzanie na poziomie podświadomości działa powoli, ale pewnie, dlatego powoduje ciężkie, tak zwane nieuleczalne choroby. Najczęściej są to: rak, narkomania i alkoholizm".

To nie jest zerojedynkowe zjawisko, ale z moich obserwacji wynika, że jest często trafne. Osądzanie, również siebie – pretensje, żale do siebie, negatywne mówienie i myślenie o sobie, niedocenianie siebie albo wywyższanie się ponad innych – może być niebezpieczne dla zdrowia. Skuteczne w wyciszaniu tego rozchwiania: „Jestem lepszy/gorszy od innych" jest stwierdzenie: „Ja jestem w porządku i inni też są w porządku".

Wracając do historii szukania kluczyków. Gdyby miało ono miejsce 10 lat wcześniej, a my zobaczylibyśmy rozbawionego syna z kluczem, skumulowane napięcie musiałoby znaleźć swoje ujście. Te wszystkie osądzające myśli, które kiedyś produkowałam w swojej głowie, musiałyby się wydostać. Co by się stało? Komu by się oberwało? Na kogo spadłyby reprymendy? Komu dostałaby się ta mentalna chłosta, którą kiedyś urządzałam sobie w głowie z braku dostatecznej miłości do siebie, wybaczenia sobie, zaakceptowania siebie? Co by się działo wtedy z dzieckiem? W zależności od rodziny byłby to krzyk albo kary. Wierzę, że dziś klapsów już się nie używa, ale jak zachowuje się urażony, wściekły rodzic? A dziecko działa jak bezpiecznik, który przyjmuje całą rodzicielską furię na siebie. Moja autokrytyka z poprzednich lat też nie wzięła się znikąd. Nauczyłam się jej gdzieś, jak każdy z nas.

A zatem im więcej w Tobie, dobry i mądry człowieku, dobrych myśli względem siebie, tym więcej masz ich dla swoich dzieci, bliskich, otaczających Cię ludzi.

Dzieci do prawidłowego rozwoju potrzebują miłości, empatii, zrozumienia, akceptacji, wsparcia, współczucia i jeszcze raz miłości. Kłócący się rodzice, nieszczęśliwi i sfrustrowani, są jak kruszący się fundament, na którym dziecko opiera swój wzrost, rozwój, cały swój świat.

W moich badaniach nad dwujęzycznością zamierzoną skupiałam się na czynnikach warunkujących prawidłowy jej przebieg. Miałam okazję poznać dziesiątki rodzin i zaobserwować to, co potwierdzają liczne badania naukowe i raporty (Porges, 2020; Dana, Porges, 2018): myśli, słowa i zachowania rodziców przekładają się na zdrowy rozwój dziecka. Nie tylko nieporozumienia między dorosłymi nie służą dzieciom, ale też osądzanie. Jak na wybryki i niestandardowe zachowania dziecka zareaguje rodzic zadowolony, spokojny, szczęśliwy, a jak zmęczony, sfrustrowany i zły? Co więcej, żeby wrócić do wcześniejszych słów Sinielnikowa – osądzanie nie musi dotyczyć konkretnej osoby. To, kogo rodzic osądza, nie ma znaczenia. Tak samo, jak dla naszego dziecka nie ma znaczenia, dlaczego rodzic jest wściekły. Również dla równowagi naszego układu nerwowego nie jest istotne, czy powodem stresu i złości jest niepewna sytuacja gospodarczo-polityczna kraju, kataklizmy na drugim końcu świata, despotyczny szef czy irytujący ludzie w naszym bliższym i dalszym otoczeniu. Jest stres, zdenerwowanie i dziecko to czuje. Dla jego postrzegania rodzica nie ma znaczenia, czy on właśnie wstał od biurka nabuzowany, dlatego że napisał jakiś komentarz w internecie oceniający czyjąś głupotę i pokazujący komuś, że jest gorszy, czy dlatego, że przeczytał jakiś artykuł dotyczący polityki i uznał, że ci ludzie są niepoważni. Osąd szkodzi naszym dzieciom i nam (Sinielnikow, 2007:65). Bo tak naprawdę to nie inni nas denerwują. To my się denerwujemy. To w nas jest nadwrażliwość na to, co mówią i robią inni, i to my potrzebujemy wziąć odpowiedzialność za nasze życie i za życie naszych dzieci. Dobre myśli przekładają się na nasz psychiczny dobrostan, zaś on rzutuje korzystnie na naszych podopiecznych. Realizując je przez zadbanie o swoje potrzeby, o swój spokój, o swoje szczęście, poprawiamy dobrostan naszego otoczenia. Wykonaj ćwiczenia z tego rozdziału, nawet jeśli nie masz dzieci. Po pierwsze – każdy jest dzieckiem swoich rodziców, a po drugie – każdego otaczają ludzie lub inne istoty czujące.

ĆWICZENIE

Wykonaj je, proszę, z miłości do siebie i do swoich najbliższych. Pomyśl albo napisz imiona pięciu osób albo nazwy grup społecznych, które osądzasz. Możesz dodać kilka epitetów, których najczęściej używasz w odniesieniu do tych osób albo grup.

Następnie obok napisz, od jednego do dziesięciu (1 - absolutnie nie, wcale, 10 - tak, bardzo), w jakim stopniu jesteś w stanie przestać kierować myśli w stronę tego osądu i tej oceny. Tym bardziej, że, jak wiesz m.in. z *Zaakceptuj siebie*, to bezproduktywne postępowanie: te osoby nie zmienią się ze względu na Ciebie. Jedynym zaś odczuwalnym efektem może być uszczerbek na zdrowiu Twoich dzieci lub Twoim. W jakim więc stopniu jesteś w stanie odpuścić i nie osądzać? Gdzie możesz przekierować zaoszczędzoną w ten sposób energię? Zastanów się chwilę, oddychając głęboko, dopisz te obszary, które bardziej zasługują na Twoja uwagę i zobaczysz przy następnych lekturach książki, jak sytuacja będzie się zmieniała. Daj się sobie samemu/samej zaskoczyć.

PIERWSZA LEKTURA

DATA: . . . .

OSOBY, GRUPY OSÓB, SYTUACJE, KTÓRE OSĄDZAM	NA ILE OD 1 DO 10 JESTEM W STANIE PRZESTAĆ KIEROWAĆ MYŚLI W STRONĘ OSĄDU

DECYDUJĘ, ŻE ZAMIAST OCENIANIA TYCH OSÓB I SYTUACJI BĘDĘ KIEROWAĆ MOJĄ UWAGĘ KU

. . . .

. . . .

. . . .

DRUGA LEKTURA

DATA: . . . .

OSOBY, GRUPY OSÓB, SYTUACJE, KTÓRE OSĄDZAM	NA ILE OD 1 DO 10 JESTEM W STANIE PRZESTAĆ KIEROWAĆ MYŚLI W STRONĘ OSĄDU

DECYDUJĘ, ŻE ZAMIAST OCENIANIA TYCH OSÓB I SYTUACJI BĘDĘ KIEROWAĆ MOJĄ UWAGĘ KU

. . . .

. . . .

. . . .

TRZECIA LEKTURA

DATA: . . . .

OSOBY, GRUPY OSÓB, SYTUACJE, KTÓRE OSĄDZAM	NA ILE OD 1 DO 10 JESTEM W STANIE PRZESTAĆ KIEROWAĆ MYŚLI W STRONĘ OSĄDU

DECYDUJĘ, ŻE ZAMIAST OCENIANIA TYCH OSÓB I SYTUACJI BĘDĘ KIEROWAĆ MOJĄ UWAGĘ KU

. . . .

. . . .

. . . .

Czy możesz nie dać się wciągnąć do rozmowy tym osobom, które wymieniłeś, dobry i mądry człowieku? Komu służy polemika i bezowocna dyskusja? Co daje? Czy coś zmieni? Kiedy wykonuję to ćwiczenie, nie oczekuję od siebie rewolucji ani rewelacji. Cieszę się tym, że dostrzegłam coś nowego, że moja świadomość wzrosła i pozwalam rzeczom się dziać. Tak bardzo chcę dbać o moje myśli, że nie winię już siebie za nic, nie mam do siebie pretensji, nawet jeśli zaczynam osądzać, mimo że wiem jak bardzo jest to szkodliwe. Kiedy mi się to zdarza, kiedy pochwycę tę myśl – wyobrażam sobie, że ją kasuję, całkowicie ją usuwam. Z miłością i dobrocią napominam siebie i mówię sobie: „Oj, Sonia, Sonia, a wiesz, że to nieładnie?". Zobaczyć to, mieć tego świadomość to już wiele.

Kiedy ktoś mi mówi, że to jest takie niesprawiedliwe, że nasze dzieci płacą za naszą postawę życiową, za naszą złość na szwagierkę, na brata, na teściową, teścia, rodziców, za nasze frustracje, to myślę, że jest to jednak potrzebne: co innego równie skutecznie zdopingowałoby Cię do zmiany myślenia? Co bardziej, jak nie zdrowie i życie Twoich dzieci? Dla mnie była to ogromna motywacja. Kiedy dowiedziałam się, że moje dzieci będą zdrowe, jeśli zmienię swoją postawę względem siebie, ludzi i świata, poszłam w to jak w dym.

Tak już jest ułożony ten świat, co pokazuje w swoich badaniach między innymi doktor Sinielnikow. Wiele osób, które pracują ze mną w grupie VIP Spokój Umysłu, mówiło mi to samo – jak bardzo sytuacja między rodzicami wpływa na to, jak się czuje dziecko, jak odbiera świat, jak zdrowotnie funkcjonuje, jak się rozwija.

Krytyka i niezadowolenie prowadzą do osądzania, osądzanie do pogardy, a ta do nienawiści. Wszystkie one są szkodliwe i zbędne. Nasze myśli i emocje – energia, którą wytwarzamy, nie jest obojętna ani dla nas, ani dla pozostałych istot żywych wokół: dla naszych najbliższych, w tym naszych milusińskich i pupili.

Krytyka niszczy krytykującego. Krytykowanie osoby, z którą jesteśmy w związku wpływa na niego destrukcyjnie. Już kilkanaście lat zajmuję się tą tematyką i w tym czasie wielokrotnie miałam okazję tłumaczyć, szczególnie kobietom, że wytykanie błędów, krytykowanie i wyśmiewanie mężczyzny, osoby, z którą jesteśmy w relacji, nie służy tej relacji i prędzej czy później doprowadza do degradacji tego uczucia, które przecież kiedyś związało z sobą dwoje ludzi. Zdarzało się, że mnie zbywano, a później ocierałam czyjeś łzy. Każdy ma swoją ścieżkę do przejścia. Ważnym jest, aby dostrzec wszystkie sytuacje, w których wyrażamy swoje niezadowolenie, czyli brak akceptacji dla czegoś lub kogoś. Częściej jednak to kobiety chcą wychowywać swoich partnerów, mężów, zmieniać ich, poprawiać, narzucać im światopogląd i zwyczaje, zapominając, jak jest to trudne dla drugiej strony i sprawia, że miłość gaśnie, a to także ma duży wpływ na prawidłowy rozwój i szczęście dzieci. Nawet jeżeli nie jesteś już z ojcem czy z matką swojego dziecka, oddaliło Was od siebie wiele krzywd i ciężkich sytuacji, to nie krytykuj i nie wyrażaj swojego niezadowolenia. Chodzi o to, abyś potrafił/a nie mieć tych emocji również w sercu. Zanim dochodzi do tego, że ludzie się rozstają, wcześniej pojawia się krytyka i niezadowolenie. One wynikają z braku akceptacji, ale przede wszystkim braku akceptacji siebie i braku miłości przede wszystkim do siebie, dlatego zróbmy ćwiczenie.

ĆWICZENIE

Usiądź wygodnie, weź spokojny oddech, rozluźnij się na tyle, na ile potrafisz i napisz w pięciu punktach, za co siebie samego/ą krytykujesz:

PIERWSZA LEKTURA
DATA: . . . .

CHCĘ PRZESTAĆ KRYTYKOWAĆ SIEBIE ZA:

1. . . . .
2. . . . .
3. . . . .
4. . . . .
5. . . . .

DRUGA LEKTURA
DATA: . . . .

CHCĘ PRZESTAĆ KRYTYKOWAĆ SIEBIE ZA:
1. . . . .
2. . . . .
3. . . . .
4. . . . .
5. . . . .

TRZECIA LEKTURA
DATA: . . . .

CHCĘ PRZESTAĆ KRYTYKOWAĆ SIEBIE ZA:
1. . . . .
2. . . . .
3. . . . .
4. . . . .
5. . . . .

To ćwiczenie nie ma swojego lustrzanego odbicia, gdyż ono nie jest potrzebne. Jeśli coraz mniej będziesz wyrażać niezadowolenie z siebie samego/ej, to będzie coraz więcej miejsca w Tobie na samoakceptację i na miłość, a ponieważ patrzymy na ludzi i świat przez własny pryzmat, to zmiana ta znajdzie odzwierciedlenie w relacji z innymi.

Dlatego druga część tego ćwiczenia nie będzie się odnosiła do drugiej osoby, tylko dalej do Ciebie, dobry i mądry człowieku. Napisz, proszę, zaznaczając strzałkami albo numerami, do każdych z tych wypełnionych pól w ćwiczeniu odpowiedź na następujące pytanie:

Skąd to do mnie przyszło? Kto mi to dał?

Weź kilka oddechów. W niektórych sytuacjach przypomnisz sobie, gdzie już tak właśnie Cię skrytykowano, kiedy w dzieciństwie wyrażono niezadowolenie w związku z tymi zachowaniami czy cechami Twojego charakteru. Czy przytrafiło Ci się to, kiedy byłeś/aś dzieckiem? Czy ktoś tak krytykował kogoś w Twoim otoczeniu? Pobaw się w detektywa. Gdzie? Skąd to do mnie przyszło? Trzymam za Ciebie kciuki.

PIERWSZA LEKTURA
DATA: . . . .

1. . . . .
2. . . . .
3. . . . .
4. . . . .
5. . . . .

DRUGA LEKTURA
DATA: . . . .

1. . . . .
2. . . . .
3. . . . .
4. . . . .
5. . . . .

TRZECIA LEKTURA
DATA: . . . .

1. . . . .
2. . . . .
3. . . . .
4. . . . .
5. . . . .

Gratuluję Ci, bo taki wgląd w siebie, przyglądanie się sobie wymagają odwagi. Dlatego, jeśli chcemy poprawić relacje, powinniśmy najpierw poobserwować siebie, czyli ten element, na który mamy wpływ i który znamy najlepiej. Kiedy wybieramy krytykę, zamykamy się na rozwiązanie. Pozostając w pieczarze narzekania, zabieramy sobie energię i obniżamy ją wszystkim, którzy są z nami, w tym naszym dzieciom. Tymczasem zawsze istnieje jakieś rozwiązanie, tylko trzeba chcieć je odnaleźć.

ZDROWA RELACJA

Niezmiernie ważny jest szacunek do siebie jako dobrego i mądrego człowieka oraz szacunek do każdego innego człowieka. Żyje się wtedy lżej, zdrowiej i spokojniej. Bardzo prostym sposobem na jego umocnienie jest zasada doceniania przede wszystkim siebie. Proszę wykonaj ćwiczenie, które wzniesie Twoją relację z samym sobą na kolejny poziom oraz zadba o Twoje myśli i zdrowie.

ĆWICZENIE

Napisz, za co siebie szanujesz, co w Tobie budzi Twoje uznanie. Czy jest to Twój sposób zachowania w danych sytuacjach? Czy Twoja siła, odporność, cierpliwość, poczucie humoru, dobra pamięć, umiejętność organizowania wydarzeń? Może świetnie tańczysz albo znasz mnóstwo dowcipów? A może robisz doskonałe kanapki lub nigdy nie upiekłeś/aś zakalca? A może to Twoja wyrozumiałość i zdolność wybaczania budzi Twój szacunek? Może to Twoja wytrwałość w dążeniu do celów lub zdolność do postrzegania piękna w najprostszych rzeczach? To wszystko, co sprawia, że jesteś sobą, zasługuje na Twoje uznanie i szacunek: to, co masz w sobie, to, jakim człowiekiem potrafisz być, to, jakim jesteś dobrym i mądrym człowiekiem. Jeżeli chcesz dodać jakieś komentarze, na przykład, że szybko przyszło Ci wykonanie tej części ćwiczenia albo – odwrotnie – że było bardzo trudne i miałeś/aś ochotę rzucić książką w kąt, bo przypomniało Ci wiele trudnych sytuacji, które musiałeś/aś znosić, miałeś/aś ochotę do kogoś zadzwonić i go zwymyślać – zapisz je poniżej. To są bardzo cenne obserwacje samego siebie, dobry i mądry człowieku. Napisz, proszę, teraz pięć zdań pełnych szczerego uznania do siebie, docenienia, słów pochwały, zaczynając od swojego imienia:

PIERWSZA LEKTURA
DATA: . . . .

SZANUJĘ CIĘ: . . . .
ZA:
1. . . . .
2. . . . .
3. . . . .
4. . . . .
5. . . . .

ODCZUCIA, MYŚLI I REFLEKSJE:

. . . .
. . . .
. . . .
. . . .
. . . .
. . . .

DRUGA LEKTURA
DATA: . . . .

SZANUJĘ CIĘ: . . . .
ZA:
1. . . . .
2. . . . .
3. . . . .
4. . . . .
5. . . . .

ODCZUCIA, MYŚLI I REFLEKSJE:
. . . .
. . . .
. . . .
. . . .
. . . .
. . . .

TRZECIA LEKTURA
DATA: . . . .

SZANUJĘ CIĘ: . . . .
ZA:
1. . . . .
2. . . . .
3. . . . .
4. . . . .
5. . . . .

ODCZUCIA, MYŚLI I REFLEKSJE:

. . . .
. . . .
. . . .
. . . .
. . . .
. . . .

Jeśli przy pierwszym czytaniu było Ci trudno wypełnić wszystkie linijki i podać pięć przykładów szacunku i docenienia samego siebie, nic nie szkodzi. Doceń siebie za to, że w ogóle czytasz tę książkę, że chcesz się rozwijać. Zobaczysz, jak będzie przy kolejnych lekturach.

W drugiej części tego ćwiczenia wykonaj je, używając imienia Twojego partnera/Twojej partnerki/drugiego rodzica Twojego dziecka - bez względu na to, czy jesteście razem czy nie. Albo kogoś innego, kto bierze udział w wychowaniu go, na przykład z konkretnym nauczycielem - przecież on też uczestniczy w edukacji dziecka - możesz to ćwiczenie wykonać, podstawiając właśnie tę osobę. Lub szefa, kolegę z pracy, sąsiada, członka rodziny - kogokolwiek, z kim relacje chcesz poprawić, niezależnie od wychowywanych dzieci lub ich braku. Wypisz, za co ją/go szanujesz i za co ją/go doceniasz.

PIERWSZA LEKTURA
DATA: . . . .

SZANUJĘ CIĘ: . . . .
. . . .

ZA:
1. . . . .
2. . . . .
3. . . . .
4. . . . .
5. . . . .

ODCZUCIA, MYŚLI I REFLEKSJE:
. . . .
. . . .
. . . .
. . . .
. . . .
. . . .

DRUGA LEKTURA
DATA: . . . .

SZANUJĘ CIĘ: . . . .
. . . .

ZA:
1. . . . .
2. . . . .
3. . . . .
4. . . . .
5. . . . .

ODCZUCIA, MYŚLI I REFLEKSJE:
. . . .
. . . .
. . . .
. . . .
. . . .
. . . .

TRZECIA LEKTURA
DATA: . . . .

SZANUJĘ CIĘ: . . . .
. . . .

ZA:
1. . . . .
2. . . . .
3. . . . .
4. . . . .
5. . . . .

ODCZUCIA, MYŚLI I REFLEKSJE:
. . . .
. . . .
. . . .
. . . .
. . . .
. . . .

III

POZNAJ SWÓJ AUTORYTET

WPROWADZENIE

W tym rozdziale chciałabym zaprosić Cię, dobry i mądry człowieku, do przyjrzenia się wewnętrznym i zewnętrznym autorytetom, temu, kto, co i jak wpływa na Twoje życie i decyzje. I w jakim stopniu uczestniczą w tym: Twoje serce i Twoje myśli. Często słyszę, że oczyszczanie myśli jest trudne. Może i nie jest łatwe, ale w rzeczywistości to powrót do ustawień fabrycznych, kiedy nasze myśli były czyste jak łza. Jako dzieci bardzo kochaliśmy siebie, ludzi i świat – w to zostaliśmy wyposażeni na starcie. Wystarczy zatem podziękować za współpracę wszystkim, którzy przy tych ustawieniach fabrycznych grzebali. Szczerze i w dobrej wierze, oczywiście. A żeby działały one jeszcze lepiej, możemy je podrasować i podkręcić. Jednak te wyjściowe są już wystarczająco dobre, dlatego warto nad tym pracować. Wielu twierdzi, że nie jest to ani łatwe ani szybkie, niemniej wciąż zapraszam do podjęcia wysiłku wgrania nowych programów i przekonań.

ĆWICZENIE – UTULENIE NOWORODKA

Tym razem do wykonania w wyobraźni - nie będzie trzeba niczego pisać. Usiądź wygodnie i oddychaj głęboko. W wyobraźni przenieś się w swojej obecnej, dorosłej postaci, do miejsca, w którym leżysz Ty jako noworodek. Wyobraź sobie, że stoisz nad maluszkiem, który leży i śpi albo macha nóżkami i rączkami, może płacze. Popatrz: to Ty - masz jeszcze prawie niezmienione ustawienia fabryczne miłości do siebie. Równie mocno kochasz także wszystkich ludzi i cały świat. Popatrz na siebie z podziwem. Wyobraź sobie, że patrzysz na siebie jako noworodka. Daj sobie czas i wyraź sercem szczery podziw dla cudu życia. Jeśli chcesz wziąć malca na ręce i go przytulić, zrób to i zachwyć się. Powiedz do niedawno narodzonego siebie: „Witaj na świecie, wspaniała istoto. Jesteś cudowna taka, jaka jesteś. Zobacz, urośniesz, dasz sobie z wszystkim radę".

Poczuj, jak Twoje serce bije ogromną miłością do tego malutkiego dzieciątka. Jego serduszko też bije. Popatrz na nie z uczuciem i uznaniem. Do miłości do siebie, ludzi i świata i do tego szczerego serca wystarczy powrócić. Masz to w sobie. Jesteś tym maluszkiem, tylko trochę później. Podziękuj mu za to, że się urodził. Pozostaw w pamięci ten obraz, kiedy jako dorosły patrzysz na niego z zachwytem, miłością, uznaniem i szacunkiem. Pożegnaj się z nim i wróć do swojego obecnego tu i teraz. Otrzyj łzy, jeśli się pojawiły. Połóż rękę na sercu. Czujesz jak bije? To jest to samo serce, pełne wyjściowej dobroci. Serce tego maluszka bije w Tobie, jest większe, wiele przeżyło, ale wspaniale daje i da sobie ze wszystkim radę.

Podziękuj sercu za jego dzielne bicie, za niezłomność. Poczuj Twoją miłość do niego, podziękuj. Pokochanie siebie i innych jest proste. Każdy z nas ma wszystko, czego trzeba: ma serce.

AUTORYTET ZEWNĘTRZNY

Na to, co dzisiaj myślimy, sądzimy, na to, jaki jest nasz światopogląd, jak traktujemy siebie, ludzi i świat, miał wpływ autorytet zewnętrzny, czyli to, co otrzymywaliśmy z otoczenia, to, co do nas docierało i później było przetwarzane przez dziecięce, wrażliwe wnętrze. Osoby dorosłe uczestniczące w wychowaniu dziecka są pierwszymi autorytetami, czyli wzorcami do naśladowania. Rodzice są jednoznacznie kojarzeni z tym, czego dzieci potrzebują, by przeżyć, dlatego podchodzą one do wszystkiego, co robią wychowujący je dorośli, bezkrytycznie. Przez bezkrytyczność rozumiemy tutaj fakt, że nawet bardzo źle traktowane dzieci pragną bliskości z rodzicem i jest on dla nich podświadomie pierwszym zewnętrznym autorytetem. Autorytet zewnętrzny jest tak silny, że biologicznie oddziałuje na dziecko. Przyjrzyj się temu oddziaływaniu, wykonując poniższe ćwiczenie.

ĆWICZENIE

Uzupełnij, proszę, przymiotnikami albo zdaniami, czym jest praca w opinii osób dorosłych, które uczestniczyły w Twoim wychowaniu. Możesz pomyśleć lub napisać: „Mama uważa, że praca to..." albo „Tata uważa, że praca to...". Możesz też wymienić inne osoby, które w Twoim życiu spotykałeś/aś najczęściej i ich opinie na temat pracy.

PIERWSZA LEKTURA
DATA: . . . .

CO DAJE PRACA? JAKIE MA MIEJSCE W ŻYCIU? PO CO SIĘ PRACUJE? WSZYSTKO TO, CO DOTYCZY ŻYCIA ZAWODOWEGO I PODEJŚCIA DO NIEGO Z AUTORYTETU ZEWNĘTRZNEGO, MÓWI CI, ŻE:

. . . .

. . . .

. . . .

. . . .

. . . .

DRUGA LEKTURA
DATA: . . . .

CO DAJE PRACA? JAKIE MA MIEJSCE W ŻYCIU? PO CO SIĘ PRACUJE? WSZYSTKO TO, CO DOTYCZY ŻYCIA ZAWODOWEGO I PODEJŚCIA DO NIEGO Z AUTORYTETU ZEWNĘTRZNEGO, MÓWI CI, ŻE:

TRZECIA LEKTURA

DATA: . . . .

CO DAJE PRACA? JAKIE MA MIEJSCE W ŻYCIU? PO CO SIĘ PRACUJE? WSZYSTKO TO, CO DOTYCZY ŻYCIA ZAWODOWEGO I PODEJŚCIA DO NIEGO Z AUTORYTETU ZEWNĘTRZNEGO, MÓWI CI, ŻE:

. . . .

. . . .

. . . .

. . . .

. . . .

. . . .

. . . .

. . . .

. . . .

. . . .

. . . .

. . . .

. . . .

. . . .

Przechodzimy dalej: odpoczynek i relaks. Tak jak w przypadku pracy, proszę, wypisz stwierdzenia powtarzane przez Twoje autorytety. Zobacz, co mogłeś od nich przejąć na temat odpoczynku.

PIERWSZA LEKTURA
DATA: . . . .

CO NA TEMAT ODPOCZYNKU I RELAKSU MÓWI/MÓWIŁA TWOJA MAMA? CZEMU SŁUŻY? JAK MA WYGLĄDAĆ? CO MÓWI/MÓWIŁ TWÓJ TATO? A CO MÓWIĄ/MÓWIŁY INNE DOROSŁE OSOBY, KTÓRE UCZESTNICZYŁY W TWOIM WYCHOWANIU?

. . . .

. . . .

. . . .

. . . .

. . . .

. . . .

. . . .

. . . .

DRUGA LEKTURA

DATA: . . . .

CO NA TEMAT ODPOCZYNKU I RELAKSU MÓWI/MÓWIŁA TWOJA MAMA? CZEMU SŁUŻY? JAK MA WYGLĄDAĆ? CO MÓWI/MÓWIŁ TWÓJ TATO? A CO MÓWIĄ/MÓWIŁY INNE DOROSŁE OSOBY, KTÓRE UCZESTNICZYŁY W TWOIM WYCHOWANIU?

. . . .

. . . .

. . . .

. . . .

. . . .

. . . .

. . . .

. . . .

. . . .

. . . .

. . . .

. . . .

. . . .

. . . .

TRZECIA LEKTURA

DATA: . . . .

CO NA TEMAT ODPOCZYNKU I RELAKSU MÓWI/MÓWIŁA TWOJA MAMA? CZEMU SŁUŻY? JAK MA WYGLĄDAĆ? CO MÓWI/MÓWIŁ TWÓJ TATO? A CO MÓWIĄ/MÓWIŁY INNE DOROSŁE OSOBY, KTÓRE UCZESTNICZYŁY W TWOIM WYCHOWANIU?

I podobna analiza dotycząca zdrowia.

PIERWSZA LEKTURA
DATA: . . . .

CZYM JEST ZDROWIE? JAK SIĘ O NIE DBA? CO JEST WAŻNE, ŻEBY BYĆ ZDROWYM? CO ROBI I MÓWI LUB ROBIŁA I MÓWIŁA NA TEN TEMAT MAMA, TATO I INNE OSOBY UCZESTNICZĄCE W TWOIM WYCHOWANIU?

. . . .

. . . .

. . . .

. . . .

. . . .

. . . .

. . . .

. . . .

. . . .

. . . .

. . . .

. . . .

DRUGA LEKTURA
DATA: . . . .

CZYM JEST ZDROWIE? JAK SIĘ O NIE DBA? CO JEST WAŻNE, ŻEBY BYĆ ZDROWYM? CO ROBI I MÓWI LUB ROBIŁA I MÓWIŁA NA TEN TEMAT MAMA, TATO I INNE OSOBY UCZESTNICZĄCE W TWOIM WYCHOWANIU?

TRZECIA LEKTURA
DATA: . . . .

CZYM JEST ZDROWIE? JAK SIĘ O NIE DBA? CO JEST WAŻNE, ŻEBY BYĆ ZDROWYM? CO ROBI I MÓWI LUB ROBIŁA I MÓWIŁA NA TEN TEMAT MAMA, TATO I INNE OSOBY UCZESTNICZĄCE W TWOIM WYCHOWANIU?

. . . .

O co chodzi w tym ćwiczeniu? O dostrzeżenie roli, jaką odgrywa tak zwany autorytet zewnętrzny; tego, jak różne osoby, towarzysząc nam w życiu, kształtują nas, nasze przekonania i schematy myślowe.

Kontynuując ten wątek, napisz, co według mamy, taty i innych osób, które uczestniczyły w Twoim wychowaniu, jest bardzo złe i naganne, czego nie wolno robić, co było wyraźnie piętnowane jako niesłuszne. Co według autorytetów zewnętrznych jest złe w życiu, w pracy, w odpoczynku, w dbaniu o zdrowie?

PIERWSZA LEKTURA
DATA: . . . .

CO WEDŁUG AUTORYTETÓW ZEWNĘTRZNYCH JEST ZŁE W ŻYCIU, W PRACY, W ODPOCZYNKU, W DBANIU O ZDROWIE?

. . . .

. . . .

. . . .

. . . .

. . . .

DRUGA LEKTURA
DATA: . . . .

CO WEDŁUG AUTORYTETÓW ZEWNĘTRZNYCH JEST ZŁE W ŻYCIU, W PRACY, W ODPOCZYNKU, W DBANIU O ZDROWIE?

. . . .

. . . .

. . . .

. . . .

. . . .

. . . .

TRZECIA LEKTURA

DATA: . . . .

CO WEDŁUG AUTORYTETÓW ZEWNĘTRZNYCH JEST ZŁE W ŻYCIU, W PRACY, W ODPOCZYNKU, W DBANIU O ZDROWIE?

. . . .

. . . .

. . . .

. . . .

. . . .

. . . .

Jak pisze Sinielnikow, świat nie jest ani dobry ani zły. Świat po prostu jest. Jednak jeśli autorytety zewnętrzne wskazywały, że coś jest złe – robiły to, żeby nas ochronić, wychować, wykształcić. Tym samym, zupełnie niechcący, schodziliśmy ze ścieżki miłości do siebie, czystych myśli i spokoju, a wchodziliśmy na ścieżkę osądu.

AUTORYTET **WEWNĘTRZNY**

Kiedy zważasz na swoje myśli i wybaczysz sobie wszystko, znajdujesz się w stanie błogości, wewnętrznego spokoju i wyciszenia. W tym stanie nie masz potrzeby rewanżu, zemsty, udowadniania komukolwiek czegokolwiek. Nie masz potrzeby wywyższania się nad innymi. Kiedy wybaczasz sobie, nie krzywdzisz ani siebie, ani innych – jesteś dobry dla siebie, spokojnie siebie obserwujesz. Rozumiesz, że błędne decyzje zdarzają się wszystkim, że jeśli coś Ci nie wyszło, możesz wyciągnąć wnioski na przyszłość. Kochasz wszystkie żywe istoty tak, jak kochasz siebie, i jesteś empatyczny: cieszysz się, kiedy ktoś się cieszy, współczujesz i chcesz pomóc, kiedy widzisz, że ktoś cierpi.

To, co zostało nam wskazane przez autorytety zewnętrzne jako złe, odzwierciedla ostatnie zdanie z książki *Zaakceptuj siebie*, które brzmi: „Wszystko jest miłością lub wołaniem o miłość". Kiedy Ty, dobry i mądry człowieku, jesteś nią wypełniony, nie masz potrzeby ranienia innych, a jeżeli ktoś krzywdzi, to rozumiesz, że przemawia przez niego brak miłości. Kiedy Ty działasz, czynisz to z miłością i inni ją odbierają. Dlatego warto nią zasilać autorytet wewnętrzny, czyli owe wspomniane wcześniej fabryczne ustawienia przejawiające się głosem intuicji i serca, które wiedzą, co zrobić. Warto doładować je uczuciem zdrowej satysfakcji, radości przełączającej Cię w stan *flow*, kiedy czas i przestrzeń przestają istnieć – jesteś tylko Ty i to, czym się zajmujesz, a także poczuciem szczęścia, które Cię odżywia, karmi. Twój autorytet wewnętrzny, pierwotna instrukcja mówiąca, co i jak masz robić, dokąd i którędy masz iść, jest w Tobie. Poznajesz go po sygnałach z ciała, po uczuciach, po doznaniach, po wypełniającej Cię energii. Czy dana myśl, aktywność dodaje Ci energii czy ją wysysa?

ĆWICZENIE

Jeśli wszystko jest interpretacją, przyjętą perspektywą, to wychodzę poza nie. Siadam wygodnie jak w kinie i przyglądam się. Na ekranie wyświetla się moje życie, widzę siebie, ludzi, sytuacje.

Znika mój punkt widzenia, bo patrząc z odległości dostrzegam ich wiele. To ćwiczenie pozwala nabrać dystansu, uwolnić się od przywiązania, pragnień i oczekiwań, które utrudniają życie.

Pojawiają się różne głosy, znika ocenianie lepiej-gorzej.Wszystko jest, jakie jest.

Zostawiam preferencje i osąd, co dobre i złe, poprawne i niepoprawne. Bo to wszystko jest. Wydarza się po coś. I już. Moje życie jak film w kinie po prostu się toczy, a mój wewnętrzny autorytet wspierając mnie, wskazuje drogę. Życie toczy się dalej, a ja oddalam się z tej sali i wracam do siebie z tu i teraz. Oddycham spokojnie.

PIERWSZA LEKTURA
DATA: . . . .

ODCZUCIA, MYŚLI I REFLEKSJE:

. . . .

. . . .

. . . .

. . . .

. . . .

. . . .

DRUGA LEKTURA
DATA: . . . .

ODCZUCIA, MYŚLI I REFLEKSJE:

. . . .

. . . .

. . . .

. . . .

. . . .

TRZECIA LEKTURA
DATA: . . . .

ODCZUCIA, MYŚLI I REFLEKSJE:

. . . .

. . . .

. . . .

. . . .

. . . .

. . . .

IV

MYŚLI A KRĘGOSŁUP

WPROWADZENIE

O tym jest mi najłatwiej pisać i mówić, bo od skierowania na operację kręgosłupa wszystko się u mnie zaczęło. Była połowa roku 2005, kiedy okropny, jakże uczący pokory, przeszywający ból pleców kazał mi natychmiast odstawić dziecko od piersi i szukać pomocy. Tak zwyczajnie, karmiąc dziecko poczułam ból, który uniemożliwiał mi dalsze karmienie i w sumie uniemożliwiał mi cokolwiek.

Chodziłam więc na kolejne wizyty u ortopedów, znalazłam fantastycznego fizjoterapeutę, który mistrzowsko sprawiał, że mogłam w ogóle chodzić i funkcjonować w miarę normalnie. Jednak ból powracał, a wizyty u fizjoterapeuty stawały się coraz częstsze. Usłyszałam pewnego dnia, że jedynym rozwiązaniem, jakie mi zostało, jest operacja polegająca na przycięciu wystających części krążków międzykręgowych na całej długości kręgosłupa. Postanowiłam wtedy, że póki jako tako funkcjonuję i póki daję radę chodzić, przetestuję wszelkie inne metody, aby - być może - uniknąć interwencji chirurgicznej. U mnie „jako tako" oznaczało, że nigdy nie wiedziałam, czy rano będę w stanie poruszać się samodzielnie. Bywało, że po nocy dolegliwości tak bardzo się nasilały, że o poranku nie mogłam ruszać ani ręką, ani nogą.

Operację traktowałam jako ostateczność, a lekarze zgodnie twierdzili, że tak, mam jeszcze czas, acz operacja i tak jest nieunikniona. Piszę o tym podkreślając, że we wszystkich moich zdrowotnych „przygodach" zawsze pozostawałam pod opieką lekarzy specjalistów. Praca z sobą, z emocjami była i jest dodatkiem. Dlaczego myślę, że skutecznym? Ponieważ dolegliwości przestały powracać. Pozostając pod opieką i kontrolą lekarzy, szukałam pomocniczych rozwiązań. Na szczęście wiedziałam, że mam czas, że choć zabieg jest nieuchronny, może poczekać. To bardzo, bardzo ważne i zawsze będę to podkreślać: pozostajemy pod opieką lekarzy specjalistów, chociażby z tego powodu, żeby na to, co miało być z punktu widzenia medycznego niemożliwym, mieć dokumentację medyczną.

W 2005 roku nie mogłam dźwigać, a miałam uważać choćby przy kichaniu, ponieważ nawet kichnięcie mogło naruszyć strukturę krążków międzykręgowych. Ból kręgosłupa był potworny, wykrzywiał mi twarz, uniemożliwiał normalne życie, nigdy nie wiedziałam, czy rano będę mogła wstać, choć wieczorem dawałam radę się położyć. Nie mogłam nosić laptopa, przenieść dzbanka z wodą i zalać nią herbaty, schylić się, by podnieść cokolwiek, o dźwiganiu własnych dzieci oczywiście też nie było mowy. Wsiadać do samochodu i wysiadać z niego musiałam w specjalny sposób oszczędzający kręgosłup.

Doskonale pamiętam, bo bardzo mnie zszokowały i przeraziły, zalecenia jednego z bardzo dobrych ortopedów. A mianowicie: miałam chodzić w butach na lekkim podwyższeniu, czyli ani za wysokim, ani zupełnie płaskim, miałam unikać potraw gorących i zimnych, jeść najlepiej dania ciepłe lub w temperaturze pokojowej, nie stresować się, nie denerwować, wysypiać się, nie ubierać zbyt lekko ani zbyt ciepło. Dla energicznej i temperamentnej Soni to było jak wyrok, jak zakaz życia.

Kiedy parę lat później na obcasach taszczyłam ciężką walizkę, uświadomiłam sobie, jakie mam szczęście, że natrafiłam na zagadnienie myśli w ciele. Czy odwodzę od operacji? Skądże! Zawsze podkreślam, że jeśli chodzi o nasze zdrowie, należy pozostać pod opieką lekarzy i specjalistów. Jednak modyfikując własne myśli i uczucia, możemy zapewnić sobie ulgę.

MYŚLI, KTÓRE NIE SŁUŻĄ **PLECOM/KRĘGOM/ KRĘGOSŁUPOWI**

Zmęczeni opieramy się plecami o ścianę, drzewo, o wezgłowie, plecy są naszym oparciem, gdy jesteśmy zmęczeni, kiedy mamy już dość. Kręgosłup to rodzice, dom, z którego wyrastamy, postawa moralna, którą stamtąd wynosimy. Uważam wręcz, że właśnie od kręgosłupa warto jest zaczynać, że wraz z odpuszczeniem napięć zgromadzonych w tym obszarze, odchodzą inne dolegliwości.

Problemy z plecami i kręgosłupem wynikają z poczucia braku wsparcia i oparcia.

Co zatem im nie służy:

1. Przekonanie, że nikt ani nic nie daje nam wsparcia w życiu, że nasze problemy są ciężarem ponad siły i dźwigamy go sami, nie mamy żadnej pomocy. Takie myśli mogą wiązać się z bólami pleców, zwłaszcza w okolicy łopatek. Tkwienie w świadomym lub podświadomym przekonaniu

o braku wsparcia ojca, matki, męża, żony, rodziny, szefa nie służy plecom. Powtarzanie choćby w myślach: „Nie czuję wsparcia ze strony…” zaprasza ból pleców.

2. Nadmierne przejmowanie się problemami innych. Branie problemów naszych bliskich, a czasem i nieznajomych na siebie, zamartwianie się, noszenie tych ciężarów na własnych barkach doprowadza nasze zdrowie do ruiny. Tymczasem dobrze jest sobie uświadomić, że biorąc cudze kłopoty na siebie, nie powodujemy, że tamtej osobie jest lżej – ona i tak je nosi, a niekiedy świadomość, że nas obciąża, dokłada także i jej ciężaru. To niełatwe, gdy dotyczy naszych bliskich, ale w rzeczywistości każdy bierze odpowiedzialność tylko za swoje życie i ma wpływ tylko na siebie. Innym możemy towarzyszyć. Być przy nich i obecnością dać wsparcie, ale nie powinniśmy brać ich problemów na siebie. Ćwiczenie uwalniające plecy znajduje się już w *Zaakceptuj siebie*, w rozdziale *Zbuduj mocne fundamenty* (2021:57).
3. Poczucie, że ktoś nam włazi na plecy (jak na głowę), czyli sytuacje, gdy ktoś nadużywa naszej

dobroci. Gdy staramy się pomóc innym, choć sami ledwie ciągniemy, bo przecież ktoś nas poprosił albo ma tak ciężko. Tam gdzie nadużywamy siebie także cierpią nasze plecy.

Skrzywienia kręgosłupa odsyłają nas do obniżenia wartości na trzech różnych polach, w trzech różnych obszarach. Jak czytamy u doktora Gilberta Renauda w książce *Uzdrawianie przez świadomość* (2014), nadmierna kifoza w odcinku piersiowym powstaje na skutek poczucia poważnego obniżenia własnej wartości w związku z matką. Wtedy sylwetka ułożona jest tak, że patrzymy w dół, patrzymy na ziemię.

Nadmierna lordoza w odcinku szyjnym lub lędźwiowym to skutek myśli prowadzących do poważnego obniżenia poczucia własnej wartości w związku z ojcem. Sylwetka wtedy jest ułożona tak, że głowa jest skierowana w górę, w niebo, na ojca.

W skoliozie z kolei mamy do czynienia z poczuciem obniżenia wartości w związku z krewnymi w linii bocznej, czyli braćmi i siostrami. Również bliźniakami czy kuzynami. Jest efektem np. ciągłego porównywania do rodzeństwa, które jest odczuwane przez konkretnego człowieka jako obniżanie jego wartości, choć pewnie osoby, dokonujące tego porównywania, miały na celu zmotywowanie do działania w różnych obszarach lub skłonienie do zaprzestania pewnych działań.

MYŚLI, KTÓRE **WSPIERAJĄ KRĘGOSŁUP**

Plecom przynosi ulgę zrzucenie z siebie ciężaru poczucia winy, żalu do rodziców, pretensji do ludzi, urazów, krytyki, potępiania. W VIII rozdziale *Zaakceptuj siebie* znajdziesz ćwiczenia pozwalające zrzucić ciężar urazy do rodziców (2021:212).

Ciało potrzebuje wybaczenia sobie samemu/samej, dzięki zrozumieniu, że każdy wybór z przeszłości był dobry, bo wtedy z jakichś powodów nie mogłeś/aś dokonać lepszego. Pomocne może też być tutaj wsparcie ze strony przodków i rodu (por. rozdział IX *Zaakceptuj siebie*) oraz opisane wcześniej ćwiczenie z framugą).

Poniżej znajdziesz medytację uwalniającą napięcia z kręgosłupa. Przeczytaj ją powoli i uważnie, a na końcu zapisz odczucia i refleksje. Powodzenia!

MEDYTACJA WSPIERAJĄCA KRĘGOSŁUP

Moje kochane życie, jedyne, które mam tu i teraz, bądź mi wsparciem, bądź moją podporą, pozwól mi czuć się człowiekiem zaopiekowanym, mogącym żyć z ufnością i spokojem, że Ty, życie, mi sprzyjasz. Oddycham teraz i uwalniam z okolic kręgosłupa napięcia z tych miejsc, w których brak wsparcia uniemożliwił przepływ energii i z każdym oddechem czuję przypływ wsparcia rodu, siły, bezpieczeństwa. Powolutku oddycham i czuję, jak od kręgów szyjnych, przez piersiowe, lędźwiowe, aż do kości ogonowej mój kręgosłup wypełnia się poczuciem bycia wspieranym przez życie i przez tych, którzy to życie mi dali, przez te dwie komórki, ze złączenia których ono powstało. Oddycham i wypełniam się poczuciem bycia wspieranym/ną. Wyobrażam sobie, jak za mną stają mężczyźni i kobiety z mojego rodu i jak rozświetla ich cud życia, jak stają się coraz jaśniejsi. Moja egzystencja jest dowodem na to, że oni odnieśli sukces i przekazali życie dalej. Czuję, jak płynie do mojego kręgosłupa poczucie wsparcia. Czuję, jak wszyscy przodkowie stoją za mną, aż po horyzont. Oddycham powoli, przyjmując to wsparcie i decyduję, że każdego dnia będę czuć je coraz bardziej, że każdego dnia coraz bardziej będę uświadamiać sobie, że życie mnie wspiera, że jest ono sukcesem wszystkich tych, którzy byli przede mną i którzy przyjdą po mnie. Jestem sukcesem mojego rodu. Oddycham. Każdy jest kowalem swojego losu, dlatego jako ucieleśnienie sukcesu moich przodków biorę moje życie w swoje ręce. Nie potrzebuję odbierać ciężarów, kłopotów i trudów, obciążających programów i przekonań. Nikt mnie o to nie prosił. Nikt tego ode mnie nie wymaga. Obciążając się, odbieram sobie możliwości, które są nieograniczone. Ci ludzie, którzy stoją za mną, nie oczekują, abym ja, dobry i mądry człowiek, brał ich ciężary, przejął winę, poczucie straty i wszelkiego rodzaju obciążenia. Krążę więc ramionami do tyłu i do przodu, czując, jak się powoli rozluźniają. Czuję, jak spada z nich ciężar, który był jak blokująca skorupa składająca się z cudzych programów, trudności, kłopotów, traum. Ruszam ramionami do przodu i do tyłu, jest mi coraz lżej. Potrząsam rękoma i zrzucam wszystko to, co niepotrzebnie mnie obciąża, co niepotrzebnie biorę na swoje barki. Mam iść świetliście przez życie z poczuciem sukcesu. Otrzepuję dłonie, otrzepuję nogi, strzepuję cały ciężar, wszystkie niedogodności i trudy, by móc żyć z rosnącym poczuciem wolności, swobody i wdzięczności. Oddycham i wypełniam cały mój kręgosłup tlenem, życiem, światłem. Czuję, jak przenika go jasność od góry do dołu i płynie, kojąc, przywracając równowagę, uwalniając od tego, co nie służy. Powoli, powoli i spokojnie.

PIERWSZA LEKTURA
DATA: . . . .

ODCZUCIA, MYŚLI I REFLEKSJE:

. . . .

. . . .

. . . .

. . . .

. . . .

. . . .

DRUGA LEKTURA
DATA: . . . .

ODCZUCIA, MYŚLI I REFLEKSJE:

. . . .

. . . .

. . . .

. . . .

. . . .

. . . .

TRZECIA LEKTURA
DATA: . . . .

ODCZUCIA, MYŚLI I REFLEKSJE:

. . . .

. . . .

. . . .

. . . .

. . . .

V

MYŚLI A ODCINEK SZYJNY

WPROWADZENIE

W kwietniu 2023 poczułam ból w lewym barku, który zszedł do łokcia i pomimo wielu sesji nie ustępował. Teoretycznie wiedziałam, jakie myśli doprowadziły do tej dolegliwości. Chodziłam na sesje, pomagające „przerobić" emocje emocje, jednocześnie korzystając z dobrodziejstw fizjoterapii. Piszę o tym, by kolejny raz podkreślić, że myśli w ciele to coś, nad czym pracujemy nie tylko sami, ale również z terapeutą/psychiatrą, z kolei zmiany w ciele i jego przywrócenie do formy wymagają interwencji innych lekarzy i specjalistów.

W tamtym okresie czułam przeciążenie, mnogość zadań i działań, mieliśmy wielkie zmiany w projekcie, nowe stanowiska pracy, nowe standardy i procedury. Duże, pozytywne i budujące, ale jednak zmiany.

MYŚLI, KTÓRE NIE SŁUŻĄ **ODCINKOWI SZYJNEMU**

Obszar szyi ma powiązanie z takimi uczuciami, jak: poczucie winy, niesprawiedliwości, upokorzenia, podporządkowanie, czyli wszystko to, co zmusza nas do pochylenia głowy, ugięcia karku pod jarzmem, w dybach, symbolicznego uznania czyjejś wyższości, prowadzącego do konfliktu na linii pracownik-zwierzchnik. Ogólnie kręgosłup szyjny odpowiada za myślenie związane z utratą własnej wartości na skutek powyższych emocji i odczuć. Kręgom szyjnym nie służy ciągłe rozmyślanie i zastanawianie się, ruminacja, brak odwagi, by powiedzieć to, co się myśli. Także uczucie, że muszę coś komuś odstąpić, a nie ma we mnie na to zgody. Bóle w tym obszarze dotyczą również spraw niewypowiedzianych, zatrzymanych z różnych powodów słów. Sytuacji, gdy nie mogliśmy lub nie potrafiliśmy wyrazić swoich myśli i odczuć. W szerszym ujęciu to temat autoekspresji, ogólnego wyrażania siebie, wychodzenia do świata.

Dr Marek Czyżkowski, kardiolog, neuroterapeuta, a także konsultant merytoryczny i korektor tej książki, zaproponował ciekawy podział odcinka szyjnego na trzy części:

1. Część górna kręgosłupa szyjnego zwykle wiąże się z działaniem wbrew sobie, odczuciem, że robimy coś, czego już byśmy robić nie chcieli, ale nie mamy możliwości lub nie potrafimy z tego zrezygnować. W tym miejscu daje o sobie znać także poczucie ogólnego przeciążenia nadmiarem zadań i spraw na głowie.
2. Część środkowa wiąże się często z poczuciem zagrożenia. Z wypatrywaniem kolejnych problemów, które możemy napotkać w życiu, czy wręcz z czarnowidztwem. Przekonanie o tym, że coś niekorzystnego się wkrótce wydarzy, wywołuje zachowanie podobne do zachowania surykatki, która rozgląda się, czy do stada nie zbliża się drapieżnik, by ostrzec wszystkich odpowiednio wcześnie. Ta charakterystyczna postawa dobrze oddaje napięcia, które pojawiają się w odcinku szyjnym przy myślach związanych poczuciem zagrożenia. Bóle w tym obszarze są także powiązane z lękiem przed

śmiercią, ciągłym poczuciem zagrożenia i niedopełnioną żałobą.

3. Część dolna kręgosłupa szyjnego i przejście między ostatnim kręgiem szyjnym i pierwszym piersiowym często cierpi przy wspomnianym we wcześniejszym rozdziale noszeniu problemów innych osób. Taka postawa i towarzyszące temu zamartwianie może prowadzić do powstania tak zwanego „wdowiego garbu".

MYŚLI, KTÓRE WSPIERAJĄ **ODCINEK SZYJNY**

A co jeśli świat jest idealną układanką? Tylko tak złożoną, wielowarstwową i wielowymiarową, że widzimy i rozumiemy jedynie jej małe fragmenty? Prace opisujące umysł ludzki i niezwykłość wszechświata tak naprawdę uświadamiają nam, jak niewiele wiemy.

Jeśli uwolnisz się od oceny, osądzania, porównywania i skupisz całą uwagę na sobie, to wszystkie wydarzenia, których będziesz świadkiem, potraktujesz jako przynoszące informację dla Ciebie. Poczucie niesprawiedliwości zostanie zastąpione przez pytanie: „Ciekawe, dlaczego to zobaczyłem/am, usłyszałem/am?". W końcu nie wiesz, dlaczego tak się dzieje, co było przyczyną, gdzie leży powód czyjegoś zachowania. Zresztą, nie musisz wcale wiedzieć. Za to właśnie ta ciekawość może poprowadzić Cię w Twoim rozwoju.

MEDYTACJA WSPIERAJĄCA ODCINEK SZYJNY

Oddycham i zapraszam do mojego oddechu wdzięczność do siebie za to, że dostrzegam pewne zależności, za to, że mam coraz większą świadomość tego, co robię, choć już tego nie chcę robić, tego w czym jestem, choć już nie mam na to ochoty. Czuję coraz więcej wdzięczności do siebie za to, że widzę, co robię wbrew sobie. Akceptuję, że w tym momencie być może nie mam jeszcze możliwości, siły albo odwagi, żeby z czegoś zrezygnować i żeby dokonać jakiejś zmiany. Jest we mnie zgoda na to, na co dziś potrafię się odważyć i co dziś potrafię zobaczyć. Puszczam opór, zapraszam wdzięczność do siebie samego, dobrego i mądrego człowieka, którym jestem. Powoli uwalniam się od nadmiaru obowiązków i obciążeń i otwieram się na wybór tego, co chcę zrobić, bo uważam, że jest ważne. Akceptuję, że być może nie potrafię jeszcze dokonywać takich wyborów w stopniu, w jakim by mi się to marzyło. Mam w sobie zgodę na to, jak jest. Dostrzegam każdego dnia coraz bardziej, że świat jest dla mnie dobrym miejscem. Otwieram się na więcej zrozumienia, akceptacji i zgody na to, co jest, było i będzie, bo to daje mi siłę do działania i wiarę, że dam radę.

Chcę przyjąć przekonanie, że wszystko dzieje się dla mnie, że jest z jakiegoś powodu mi potrzebne. Oddycham i zapraszam akceptację, zgodę i odpuszczenie. Pozwalam domknąć się tematom, które były trudne, pozwalam wylać się łzom, które nie zostały wylane, pozwalam żalom przepłynąć przeze mnie. Robię to na tyle, na ile czuję w sobie na to gotowość i chcę zdecydować, że otwieram się na więcej. Pozwalam innym brać pełną odpowiedzialność za swoje życie, bo każdy ma swoją ścieżkę, którą potrzebuje przejść sam. Ja mogę towarzyszyć, mogę po prostu być, ale nie mogę brać na siebie czyjegoś życia i czyjejś ścieżki. Najlepsze wsparcie, jakiego mogę udzielić, to po prostu być, wierzyć i ufać.

PIERWSZA LEKTURA
DATA: . . . .

ODCZUCIA, MYŚLI I REFLEKSJE:

. . . .

. . . .

. . . .

. . . .

. . . .

. . . .

DRUGA LEKTURA
DATA: . . . .

ODCZUCIA, MYŚLI I REFLEKSJE:

. . . .

. . . .

. . . .

. . . .

. . . .

TRZECIA LEKTURA
DATA: . . . .

ODCZUCIA, MYŚLI I REFLEKSJE:

. . . .

. . . .

. . . .

. . . .

. . . .

. . . .

VI

MYŚLI A ODCINEK PIERSIOWY

WPROWADZENIE

Często „zapięcia myśli", „zatrzymania emocji" są wielowarstwowe i wielowymiarowe. Jeden punkt blokujący swobodny przepływ energii w naszym ciele jest często efektem wielu różnych sytuacji i doświadczonych emocji, jedna sesja, ćwiczenie rozplącze jeden supeł, a tam kłębić się może zbiorowisko jeszcze wielu innych mniejszych i większych supełków. To wyjaśnia, dlaczego często jedna sesja uwalniania emocji przynosi ulgę, przywołuje konkretne wspomnienie, oczyszcza je, ale może nie rozwiązać problemu do końca. Mój punkt odcinka piersiowego uwalniam od 5 lat. Jak już wspomniałam, po prawej stronie odcinka kręgosłupa piersiowego wskazano mi blokadę, świadczącą o moim niskim poczuciu własnej wartości i doradzono, bym zaczęła o sobie lepiej myśleć, powtarzać na głos dobre rzeczy na swój temat. Pewnego dnia udałam się na masaż do nadmorskiego spa i tam nagle łupnęło mnie w tym samym punkcie, który czułam miesiącami (niby ruchy były swobodne, ale odczuwałam lekki dyskomfort). Różne terapie często do niego prowadziły, czasem bywało lepiej, na pół roku ból zniknął, a potem wracał ponownie.

Pojawił się znowu w kwietniu 2023, czyli 5 lat od mojego pierwszego spotkania z emocjami zapiętymi w tamtym miejscu. W sumie, nawet nie byłam pewna, czy to znów ono. Jak wspomniałam, nadszedł czas wielkich zmian w projekcie Planeta Soni, zatrudniliśmy ludzi w pełnym wymiarze godzin, nawiązaliśmy nowe współprace, osiągnęliśmy nowy poziom, i wrócił (stary) ból w ciele. Zaczęło się od barku, potem łokieć, nie mogłam spać, bolało też w ciągu dnia, dlatego równolegle prowadziłam terapię i wnętrza (emocje), i ciała (rehabilitacja, ortopedzi). Wskazano na problem na wysokości kręgów szyjnych i piersiowych.

Udałam się na kolejną terapię z intencją pomyślnego wypuszczenia projektu na świat. Wracając do pokoju w hotelu pomyślałam z żalem, że nie przerobiłam tego punktu. Nad ranem, przyśniła mi się kobieta niewierząca moim słowom. I, jak już opisywałam wcześniej, obudziłam się zdenerwowana, serce biło z przejęcia, przywołałam te emocje, utrzymałam je i zaczęłam uwalniać techniką doktora Hawkinsa: powolny wdech ze słowem „Akceptuję", potem powolny wydech, ciut dłuższy, ze słowem „Odpuszczam". Powtarzałam tak, już przebudzona, kilkanaście razy, powoli, z wyczuciem, pozwalając emocjom uwolnić się, wydostać z ciała.

Po tej sesji oddechowej, powoli wstałam i wzięłam się za poranną krzątaninę. Poczułam, jak wielki bolec, który odczuwałam w felernym punkcie, zniknął. Co ciekawe, poczułam mikroskopijne ukłucie po drugiej stronie kręgosłupa. Nie pamiętam, by sytuacja ze snu kiedykolwiek miała miejsce w moim życiu, nie wiem, czy coś mi się przypomniało, czy jakoś skojarzyło – ważny jest jedynie fakt, że sen uruchomił emocje, a ja mogłam je uwolnić. „Odpięło" się to, co doskwierało, co czułam, co nie pozwalało mojemu ciału wrócić do prawidłowego funkcjonowania. Przedziwne uczucie, jakbym w tamtym miejscu odzyskała właściwy przepływ energii. Kiedyś nie miałam pojęcia o blokadach, bo byłam jedną wielką blokadą, nie czułam ich więc. Po kilku latach nawiązywania relacji z ciałem, nauczyłam się je rozpoznawać i wyraźnie odczuwam, kiedy puszczają.

MYŚLI, KTÓRE NIE SŁUŻĄ **ODCINKOWI PIERSIOWEMU**

W odcinku piersiowym kręgosłupa mamy 12 kręgów i one, jak sama nazwa wskazuje, leżą na wysokości klatki piersiowej, razem z nią chroniąc narządy wewnętrzne takie jak płuca czy serce. Odcinek piersiowy kręgosłupa jest, poza kością krzyżową, najmniej ruchomą jego częścią i teoretycznie powinien najmniej dokuczać bólowo. A jednak każdy, kogo bolał którykolwiek z fragmentów odcinka piersiowego kręgosłupa, wie, jak bardzo jest to dokuczliwy i frustrujący ból.

W odcinku piersiowym mieści się poczucie własnej wartości. Myśli, które nie służą tej części odcinka kręgosłupa to: „Mogę liczyć tylko na siebie. Jeśli ja tego nie zrobię, to nikt inny mi nie pomoże. Nikt inny nie zrobi tego za mnie. Muszę robić wszystko sam/a. I dlatego, jeśli umiem liczyć, to mogę liczyć tylko na siebie".

Ból w okolicy łopatek to wrażenie noża wbitego w plecy lub podcinania skrzydeł – wydaje nam się, że ktoś nam źle życzy, obmawia za plecami. Towarzyszyć temu mogą myśli typu: „Bardzo się boję śmierci, czuję lęk przed uszkodzeniami ciała. Boję się utraty własnego terytorium intelektualnego lub fizycznego". Podobne myśli powrócą w opisie odcinka lędźwiowego. „Nóż w plecy", czyli poczucie bycia zdradzonym, niespodziewanie zaatakowanym przez kogoś, po kim się tego nie spodziewało, kogoś bliskiego. W takiej sytuacji możemy poczuć osamotnienie i rezygnację, utratę wsparcia i chęci do działania – „podcięcie skrzydeł".

Odcinek piersiowy kręgosłupa jest także związany z mamą (mama przystawia do piersi i dziecko czuje się nasycone oraz bezpieczne) i brakiem czułości w relacji z nią, co wywołuje złość i urazę. To również zadawnione konflikty z rodzeństwem, kuzynami, dziadkami; to wszystko, co wiązało się z uczuciem osamotnienia i utraty bliskości, a przez to poczucia bezpieczeństwa.

Schodząc niżej do wysokości kręgów T5, T6, mogą pojawiać się myśli w stylu: „Nie czuję się częścią rodziny. Nie czuję się częścią tego drzewa genealogicznego, w którym się pojawiłam/em. Nie mogę strawić pewnych sytuacji i w rodzinie czuję się niezrozumiana/ny. Doświadczam odrzucenia emocjonalnego przez swoich, odpowiadającego oddzieleniu od stada w świecie przyrody". Brak bliskości i przynależności zmniejsza szanse na przetrwanie i powoduje utratę poczucia bezpieczeństwa. Obszar ten wiąże się także z objawami niestrawności na tle nerwowym.

Kręg T7 połączony jest, według leksykonu doktora Gilberta Renauda, z trzustką, a obciążające go emocje to: hańba, upokorzenie i coś skrajnie obrzydliwego, co zostało mi wyrządzone, wątpliwość dotycząca pochodzenia czy ojcostwa. W pytaniu: „Które dziecko nie nosi nazwiska ojca?" mamy do czynienia z dziećmi, których ojciec biologiczny się zrzekł albo nie uznał, albo nawet nie wie o ich istnieniu. Przy czym to coś obrzydliwego, może dotyczyć np. babci i dawać o sobie znać w trzecim pokoleniu w postaci dysfunkcji i bólów w okolicy odcinka T7 kręgosłupa piersiowego. Temat traumy transgeneracyjnej był przedmiotem wielu badań naukowych głównie w dziedzinie epigenetyki – dużo mówi o tym między innymi prof. zw. dr hab. nauk medycznych Jadwiga Jośko-Ochojska. Natomiast kręg T8 połączony bywa z lękiem przed sukcesem i uczuciem zaatakowania żeńskiego pierwiastka; z kolei T9 to atak na męski pierwiastek, a także myśli związane z przekazywaniem życia przez rodziców, a zatem T9 związany jest z wrażeniem zagubienia, złego kierunku: „Źle to wszystko robię, to nie moja droga". I wielkim cierpieniem, dlatego że nastąpiło jakieś oddzielenie, ale bez wystarczającego wyjaśnienia jego przyczyn. W tym obszarze na skutek nagłego odejścia kogoś bliskiego, ważnego, pojawia się myśl, że to dla mnie udręka, największa z możliwych, że nie potrafię pogodzić się z odejściem czy śmiercią kogoś bliskiego lub dla mnie ważnego. Dalej, na wysokości T10 mamy myśl, że noszę w sobie wielką krwawiącą ranę, która jest związana z wyborem kierunku w życiu, ze złamaniem struktury osobowości. Nie służy mu też ciągłe analizowanie. Następnie na T11 mamy obniżenie poczucia własnej wartości spowodowane ucieczką, utratą terytorium i to również przywodzi na myśl możliwość doświadczania na swoim ciele traumy transgeneracyjnej. Na wysokości T12 mieści się poczucie winy, wstydu i żalu związane ze stanem żołądka i poczuciem, że nie jestem godzien dobrobytu i sukcesu.

MYŚLI, KTÓRE WSPIERAJĄ ODCINEK PIERSIOWY

Przed Tobą, dobry i mądry człowieku, medytacja dla odcinka piersiowego kręgosłupa. Usiądź w ciszy i podczas czytania pozwalaj nowym myślom zagościć w Twoim wnętrzu. Zapisz odczucia i refleksje na końcu.

MEDYTACJA WSPIERAJĄCA ODCINEK PIERSIOWY

Chcę czuć, że mogę liczyć w życiu nie tylko na siebie. Oddycham i otwieram się na proszenie o pomoc różnych osób, proszenie aż do momentu jej uzyskania. Otwieram się na akceptowanie odmowy. Jeśli poproszę kogoś o pomoc i ten ktoś mi odmówi albo stwierdzi, że teraz nie może udzielić mi wsparcia ani pomóc w taki sposób, jakiego oczekuję, to ja, akceptując tę odmowę, kieruję swoją prośbę do innej osoby i jeszcze do innej, i do kolejnej. I otwieram się na rozwiązania, które mi pomagają.

Odpuszczam poczucie, że mogę liczyć tylko na siebie. Otwieram się na liczenie również na innych, na pozwalanie im, by nie dotrzymali słowa i nie spełnili mojej prośby. I pozwalam sobie nie zniechęcać się i prosić kolejny raz kogoś innego. Kolejny raz w innych obszarach. Akceptuję to, że każdy spełnia moje prośby w takim stopniu, w jakim w danym momencie może i chce. Odpuszczam. Jeśli sam/a czegoś nie zrobię, jeśli czegoś nie dopilnuję i nie skontroluję, to oddycham i akceptuję, że pozostanie to po prostu niezrobione, niedopilnowanie, nieskontrolowane. Dobieram inaczej ludzi, dobieram inaczej zadania, odpuszczam sobie. Oddycham. Odpuszczam wszystko, co było niesprawiedliwie podzielone. Oddycham powoli. Niech ten proces dzieje się w takim tempie, jakie teraz dla mnie jest dobre. Jeśli poczuję, że jest zbyt szybkie, powiem „Stop, wystarczy na dzisiaj" i z wdzięcznością zakończę tę medytację.

Prostuję plecy. Wybaczam, odpuszczam i uwalniam z ciała wszystko, co zostało mi wyrządzone. Oddycham. Jeśli mam ochotę je wytrząsnąć, robię to teraz. Odpuszczam wszystko to, co moje ciało przejęło z poprzednich pokoleń, to, co zostało uznane za coś okropnego przez moich przodków. Oddycham, komunikuję się z ciałem i w uczuciu wdzięczności pozwalam mu wyzbywać się nagromadzonego balastu. Jeżeli potrzebuję zatrzymać ten proces albo go spowolnić, robię to.

Mogę liczyć na moją decyzyjność. Mogę liczyć na decyzyjność innych. Nie potrzebuję walczyć, bo to ja decyduję, jakie opinie i myśli w mojej głowie pielęgnuję. Otwieram się na nowe, na odkrywanie siebie, na nowe doświadczenia, które mnie budują, karmią, wzmacniają, napełniają wdzięcznością i spełnieniem. Odpuszczam zazdrość i samotność, a w ich miejsce wpuszczam światło. Czuję, jak odchodzi zagrożenie, jak odchodzi brak poczucia bezpieczeństwa. Oddycham, powoli oddycham i wypełniam się światłem. Czuję, jak uchodzi uraza i złość. Wiem, że potrzebuję się akceptować, rozumieć samego/ą siebie i pamiętać, że inni członkowie rodziny i społeczności patrzą na mnie przez własne filtry.

W każdą komórkę mojego ciała wpuszczam teraz światło, tlen, życie, odpuszczenie oraz bezwarunkową, bezgraniczną i czystą miłość. Czuję, jak odżywają kręgi piersiowe mojego kręgosłupa i przestrzenie międzykręgowe. Jestem tak samo wartościową jednostką, jak każdy inny człowiek. Jestem istotą ze światła i miłości, takiego samego światła i miłości jak inne istoty, wszyscy jesteśmy równi. Nie jestem człowiekiem ani lepszym, ani gorszym. Jestem człowiekiem. Integruję w sobie to przekonanie i oddycham, napełniając się światłem, spokojem i miłością.

PIERWSZA LEKTURA
DATA: . . . .

ODCZUCIA, MYŚLI I REFLEKSJE:

. . . .

. . . .

. . . .

. . . .

. . . .

. . . .

DRUGA LEKTURA
DATA: . . . .

ODCZUCIA, MYŚLI I REFLEKSJE:

. . . .

. . . .

. . . .

. . . .

. . . .

TRZECIA LEKTURA
DATA: . . . .

ODCZUCIA, MYŚLI I REFLEKSJE:

. . . .

. . . .

. . . .

. . . .

. . . .

. . . .

VII

MYŚLI A ODCINEK LĘDŹWIOWY

WPROWADZENIE

Odcinek lędźwiowy kręgosłupa najbardziej dokuczał mi, kiedy pisałam doktorat, było mi bardzo trudno, nie potrafiłam się odnaleźć po powrocie ze studiów we Francji, inne podejście, inne środowisko, do którego weszłam jakby z biegu, nie znajdując swojego terytorium. Takie były moje subiektywne odczucia.

Dzieci już troszkę podrosły, ich potrzeby były coraz większe, a na uniwersytecie nie było widoków na podwyżki. Zgodnie z odziedziczonym przeze mnie i mojego męża programem moja wypłata stanowiła niewielką część budżetu domowego. Nie do końca czułam się z tym dobrze, ponieważ należę już do pokolenia, w którym w relacjach panuje partnerstwo, kobieta i mężczyzna mają równe prawa do realizowania się zawodowo. I choć wciąż w moim pokoleniu różnie to w praktyce wyglądało, to ja uważałam, że zarówno moje wykształcenie, jak i ogólna zaradność życiowa predestynowały mnie do większych zarobków niż te, które otrzymywałam. Lędźwie dokuczały mi tak, że nie mogłam się wyprostować. Ból promieniował to na jedną nogę, to na drugą, potrafił mi cierpnąć palec u prawej nogi. Każdy, kto doświadczył tego bólu wie jak, potrafi być nieznośny, jak odbiera radość życia, a środki przeciwbólowe, przynosząc chwilową ulgę, tylko pogarszają sytuację, ponieważ dzięki temu, że nie czuje się bólu, wykonuje się ruchy, które w normalnych warunkach nie byłyby możliwe, więc ostatecznie ból jest jeszcze większy i jeszcze bardziej nieznośny. Dzisiaj rozumiem, że dyskomfort w odcinku lędźwiowym był u mnie w tamtym okresie związany przede wszystkim z martwieniem się o pieniądze, z niepewnością finansową.

MYŚLI, KTÓRE NIE SŁUŻĄ **LĘDŹWIOM**

Odcinek lędźwiowy wiąże się z naszym bezpieczeństwem finansowym i relacyjnym. Odnosi się także do terytorium, czyli stawiania i przestrzegania granic. Będzie go obciążać poczucie, że sytuacja materialna jest gorsza od oczekiwanej. Martwienie się o pieniądze i przekonanie, że ma się problemy finansowe. Po grupie myśli, nazwijmy ją finansowej, kolejną grupą myśli niesłużących odcinkowi lędźwiowemu jest poczucie niebycia częścią grupy. Takie myśli jak: „Nie jestem taki jak inni. Nie pasuję do innych. Nie jestem częścią grupy. Czuję się gorszy. Nie jestem w normie" połączone z brakiem akceptacji dla tej inności czy nie dość satysfakcjonujących finansów. Do tego może dojść martwienie się o zdrowie i/lub konflikty związane z matką i ojcem, z relacją między nimi. Odcinek lędźwiowy będzie także związany z poczuciem naruszenia naszego szeroko pojętego terytorium. Z sytuacją, gdy mieliśmy trudność z postawieniem granic lub gdzie zostały one w naszym odczuciu przekroczone. Może to dotyczyć zarówno naszego obszaru zawodowego, np. pojawienia się konkurencji i związanego z tym poczucia zagrożenia lub mobbing. Może też dotyczyć naszej relacji partnerskiej, np. obawy o utratę zainteresowania partnera/partnerki czy podejrzenia o zdradę. Bóle odcinka lędźwiowego często towarzyszą osobom w trakcie rozwodu czy rozpadu związku, co odpowiada myślom i obawom dotyczącym utraty wsparcia oraz części majątku lub stabilności finansowej. W końcu może dotyczyć także naszego ciała i naruszenia nietykalności w tym obszarze. Wszystkie sytuacje związane z fizyczną lub seksualną agresją, oraz poczuciem zagrożenia nią, mogą powodować dolegliwości w obszarze lędźwi.

Podkreślmy jeszcze raz – najistotniejsza jest nie tyle rzeczywistość, co jej interpretacja. Dlatego warto ćwiczyć na codziennych zdarzeniach akceptację i odpuszczenie, które nawykowo uruchomią się w przypadku trudniejszych doświadczeń życiowych.

MYŚLI, KTÓRE WSPIERAJĄ **LĘDŹWIE**

Ulga emocjonalna i przywrócone poczucie bezpieczeństwa, może zwolnić napięcie u dołu pleców. Zresztą, praca nad samoakceptacją i dobrą relacją z samym sobą może kojąco wpłynąć na bóle wszystkich odcinków kręgosłupa. Przejdźmy do następnej medytacji, pamiętaj, proszę, o oddechu i o zapisaniu swoich odczuć na końcu.

MEDYTACJA WSPIERAJĄCA LĘDŹWIE

To jest moje i chcę, żeby było moje. Szanuję moje myśli i moje decyzje. Jeśli nie chcę czegoś, daję sobie do tego prawo. Jednocześnie akceptuję fakt, że rzeczy się przytrafiają, pamiętając, że wszystko dzieje się dla mnie. Potrzebuję dostrzegać korzyści płynące z każdej sytuacji. Jeśli nie mogę się dokądś udać, nie mogę czegoś zrobić, a chcę, oddycham spokojnie, by zintegrować te dwie sytuacje, by napełnić się zgodą na to, co się wydarza, ponieważ jest to częścią mojego życia. Wzmacniam siebie, akceptując to, otwierając się dzięki temu na nowe rozwiązania. Odpuszczam martwienie się i przejmowanie, bo wiem, że nie jest to dla mnie karmiące. Nie chcę już hamować i ograniczać siebie. Dlatego, oddychając, napełniam się ufnością, że wszystko jest dobrze. Czuję, jak spływa ze mnie jak krople troska o finanse, o to, co będzie, że ktoś coś mi każe wbrew mojej woli. To wszystko teraz powoli spływa ze mnie do ziemi. Ziemia przyjmie i wyda plon. Spływają ze mnie przeciwności, których się obawiam, przymus, który odczuwam. Wypełnia mnie światło.

Jest we mnie zgoda na to, że inni uważają inaczej, że mają inne wizje, inne myśli, pomysły. Szanuję je i uznaję, że inni mają do tego prawo. Tak samo jak ja mam prawo do własnych opinii i decyzji. Uświadamiam sobie moją tożsamość. Ja to ja. Oddycham, kładę dłonie na sercu i wsłuchuję się w jego pragnienia, w jego czyste, niewinne i pełne bezinteresownej miłości marzenia. Czuję je, lokalizuję je i wiem, że mają pierwszeństwo przed wszystkim. Oddycham. Nie muszę się martwić, bo moje serce znajdzie drogę do realizacji swoich oczekiwań. Czuję coraz większą ufność do siebie, do mojego serca, czuję miłość i szacunek do moich myśli. Czuję, że nie muszę nikomu niczego udowadniać. Oddycham tą wolnością, jest mi coraz lepiej.

Rozkładam teraz szeroko ręce i na jednej spoczywa wszystko to, co biorę, a na drugiej to, co daję. Sprawdzam, czy jest między nimi równowaga i jeżeli gdzieś jest za mało albo za dużo, to kieruje tam moją uwagę i intencję, aby się wyrównało. Daję tyle, ile biorę. Biorę tyle, ile daję i osiągam równowagę. Czuję, że tak jest dobrze. Czuję coraz więcej sprawiedliwości, każdego dnia coraz większą zgodę na to, że ten świat i moje życie jest sprawiedliwe, nawet jeżeli wszystkiego w nim nie rozumiem. Oddycham. I trzymam moje rozłożone dłonie tak długo, aż poczuję między nimi równowagę.

Jest we mnie coraz więcej gotowości na to, co spotyka mój organizm wraz z upływającym czasem. Jest we mnie coraz więcej akceptacji dla mojego ciała i przemian w nim zachodzących. Chcę móc wybaczyć to, co zapisało się w ciele jako obrzydliwe, niedopuszczalne i traumatyczne, by móc się od tego uwolnić. Chcę móc wybaczyć, odpuścić i uwolnić. Oddycham i decyduję, że uwalniam, że odpuszczam to, co w moim ciele zapisało się negatywnie. Wpuszczam powietrze i światło w odcinek lędźwiowy kręgosłupa. Czuję, jak uchodzą z niego zmartwienia i czarnowidztwo.

Czuję wsparcie. Jestem częścią mojego rodu, przynależę do niego wraz z moimi krewnymi. Jestem, jaki/a jestem. Oddycham akceptacją dla siebie i akceptacją dla nich, odpuszczeniem sobie i odpuszczeniem im, uwalniam opór, poczucie winy, a zapraszam spokój. Jestem w porządku, nie porównuję się z innymi. Akceptuję moją tożsamość. Przynależę do mojego rodu, jestem częścią tej społeczności, częścią ludzkości. Akceptuję wybory moich rodziców i dzieci, i akceptuję ich los. Zapraszam do mojego serca spokój i czuję, jak płynie on wzdłuż mojego kręgosłupa, kumulując się w odcinku lędźwiowym. Czuję wyciszenie i akceptację dla wyborów otaczających mnie ludzi. Każdy jest kowalem swojego losu. I spokojnie oddycham, wyciszam się tak długo, aż poczuję ulgę i domknięcie.

PIERWSZA LEKTURA
DATA: . . . .

ODCZUCIA, MYŚLI I REFLEKSJE:

. . . .

. . . .

. . . .

. . . .

. . . .

. . . .

DRUGA LEKTURA
DATA: . . . .

ODCZUCIA, MYŚLI I REFLEKSJE:

. . . .

. . . .

. . . .

. . . .

. . . .

TRZECIA LEKTURA
DATA: . . . .

ODCZUCIA, MYŚLI I REFLEKSJE:

. . . .

. . . .

. . . .

. . . .

. . . .

. . . .

VIII

MYŚLI A KOLANA

WPROWADZENIE

Jako nastolatka cierpiałam na bóle kolan. Pamiętam, że moi rodzice przez lata odwoływali się do medycyny akademickiej, jednak żadne badania nie wykazały zmian w kolanach, a jednak bolały mnie one bardzo. Zaprowadzili mnie więc ostatecznie do osoby, która potrafiła przywracać równowagę w ciele poprzez oddziaływanie bioenergoterapeutyczne. Przyznam, że nie wiedziałam, dokąd jestem zabierana. Pamiętam, że byłam zdziwiona, gdy terapeuta trzymał dłonie w odległości około 15 centymetrów od moich kolan i mówił, co myślę. Dziś wiem, że były to tak zwane myśli dziedziczone i nie umiałam wtedy nimi świadomie zarządzać. Co mnie zdziwiło, to ulga, jakiej doświadczyłam po tym, dla mnie wtedy zupełnie niezrozumiałym, zabiegu.

Pamiętam też, jak moją babcię bolało kolano. Właściwie cała noga dokuczała tak, że trudno było jej chodzić nawet po domu. I jak kolejni lekarze, których odwiedzała, doradzali jej amputację. Zawsze podkreślam i będę podkreślać, że z każdą dolegliwością udajemy się do specjalistów i lekarzy, co nie wyklucza jednoczesnego zwrócenia się ku pracy ze swoim umysłem czy zadbania o swoją dietę i ogólnie higienę życia. Moja babcia za zgodą lekarza otrzymała kilka tygodni na ostateczne poddanie się amputacji nogi. Pozostając cały czas pod opieką lekarza, zaczęła szukać innych rozwiązań i trafiła na panią, która na wizycie zaleciła moczenie całej nogi w igliwiu zebranym pod świerkami. Pamiętam zaskoczenie moich rodziców, ale też wsparcie, jakiego chcieli udzielić babci, więc z determinacją zbierali do worków igliwie. Poprawa nastąpiła bardzo szybko i już po 3 tygodniach babcia chodziła na spacery. Zdziwienie było ogromne. A dla mnie było niepojęte, jak skutecznie można sobie pomóc naturalnymi metodami. I nie mam pojęcia, bo byłam wtedy nastolatką, o co w tym wszystkim chodziło. Dla mnie najważniejsza była pragmatyka – liczyło się to, że do amputacji nie doszło. O tym właśnie jest w moich książkach: będąc pod opieką medycyny akademickiej, można pozostać otwartym na nieingerujące i niewykluczające przyjmowania lekarstw metody, nawet jeśli wydają się dziwne. Myślę, że dla mojej babci, która z obolałej osoby, ledwo wstającej z łóżka i oczekującej na drastyczną operację, zmieniła się w osobę radośnie pomykającą na spacery, nie miało znaczenia, czy zadziałał strach przed amputacją, czy jakieś ćwiczenia mentalne, czy może faktycznie moczenie nogi w wodzie z igliwiem. Wszystko dobre, co się dobrze kończy. Te zdarzenia niewątpliwie poszerzyły moją perspektywę o inne podejścia niż tradycyjna medycyna akademicka.

MYŚLI, KTÓRE NIE SŁUŻĄ **KOLANOM**

Kolana są od tego, abyśmy się mogli ugiąć, kiedy chcemy, abyśmy mogli uklęknąć, kiedy chcemy i od tego, żeby pozostały nieugięte, kiedy tego potrzebujemy. Czyli kiedy chcę się dostosować i to robię, jest harmonia między tym, co myślę i czuję, więc moje ciało nie reaguje. Kiedy jednak czuję, że ktoś mnie do tego zmusza, pojawia się dysharmonia i mogą wystąpić objawy somatyczne.

Ogólna idea jest taka, że jeżeli ktoś mnie zmusza do czegoś i najlepiej dla mnie byłoby ustąpić, a ja uparcie trwam przy swoim, to powstaje dysonans, czyli niezgoda, brak akceptacji. Kolana mogą boleć, kiedy nie jesteśmy przyzwyczajeni do proszenia o pomoc. Muszę zgiąć kolano, a nie chcę. Muszę go poprosić, a nie umiem.

Jeżeli boli Cię kolano, potrzebujesz zastanowić się, gdzie w Tobie jest na coś niezgoda, gdzie jest obowiązek, przymus, inny autorytet, trudność w podporządkowaniu się, sztywność poglądów. Jeżeli jest to prawe kolano, a jesteś od zawsze praworęczny/a, to przyjrzyj się relacji z mężem, z partnerem, z ojcem, a jak lewe, to z jakąś kobietą, z mamą, partnerką, żoną (jeśli jesteś leworęczny, to na odwrót).

Jeden z moich znajomych miał problemy z prawym kolanem. Najlepsi ortopedzi się nim zajmowali, dzięki czemu stan jego zdrowia się poprawiał i były naprawdę efekty. Jednak emocjonalne źródło nie zostało przerobione. Zapytałam go więc, do kogo kieruje myśli: „Nie poproszę, nie ugnę się, właśnie, że nie". Ponieważ to była osoba na wysokim stanowisku, szukaliśmy takiej osoby wśród podwładnych, ale tam nie było z tym problemu. Nie miał też nad sobą nikogo takiego.

Pomyślałam sobie: „Kurczę, moja teoria chyba właśnie padła". Niedługo potem ten kolega uległ błahemu wypadkowi, w którym jego kolano zostało uszkodzone, no i znów ten sam problem. W końcu mówię do niego:

– Słuchaj, a ojciec...?

– Nie, ojciec nie. Zostawił nas, jak miałem 3 lata.

Zostawił go i mój znajomy od tamtego czasu nie chciał już ojca o nic prosić i nic od niego nie chciał... Emocje nawet po tylu latach potrafią dać o sobie znać w ciele. Przy czym ten ojciec/matka, teść/teściowa, sąsiad/sąsiadka, szef/szefowa nie zmienią się za Twoją sprawą. To Ciebie, jeżeli tego nie odpuścisz, nie przepracujesz, dalej będą bolały kolana.

Przenieś się myślami do dzieciństwa. Czy mogła się pojawić wtedy u Ciebie myśl: „Nie poproszę go", bo np. ojciec zostawił matkę, albo go nie było i mama była z tym wszystkim sama, albo to mama miała takie myśli względem Twojego taty, a Tobie w takiej atmosferze przyszło wzrastać?

Im jesteśmy starsi, tym bardziej emocje rodziców w nas odżywają. Często też przekonania lub zachowania dziadka i babci potrafią się odezwać. Traumy, styl wychowania, spojrzenie na życie mogą być dziedziczone, ale nie jest to wyrok. Jeżeli np. byłeś/aś dzieckiem wychowywanym w rodzinie, gdzie było dużo smutku, mało wdzięczności i beztroski, możesz ćwiczeniami, różnymi metodami rozbudzić w sobie radość życia i nadzieję na pomyślny obrót spraw. Mimo że nie wyniosłeś/aś tego wzorca z domu, bo Twoi rodzice też go nie znali, wciąż możesz przerwać tę sztafetę.

Z jednej strony więc kolanom nie sprzyja nieugiętość: „Tak musi być i koniec. Albo tak, albo wcale", przeciwstawianie się władzy, autorytetowi. Z drugiej strony zaś przymus bycia uległym i bezsilność z tym związana: „Muszę być posłuszny, nie mogę się sprzeciwić. Nie mam prawa się sprzeciwić. Muszę słuchać. Muszę to zrobić. To mój obowiązek. Inaczej po prostu nie dam rady". Poczucie bycia zastraszonym przez autorytet, przez osobę, którą postrzegamy lub została nam narzucona jako autorytet.

Ostatnio dowiedziałam się, na przykład, że w niektórych przedszkolach jest prowadzona rekrutacja online. Mieszkasz w rejonie i chcesz zapisać dziecko do przedszkola, ale dowiadujesz się, że rekrutacja internetowa została już zamknięta i nie ma już miejsc. Narasta więc w Tobie uczucie bezsilności względem jakiegoś autorytetu i bezsensownego systemu, który uniemożliwia Ci ruch, czujesz się przytłoczony/a, zmuszony/a do spełniania wymagań, które uważasz za bezsensowne i nie masz ochoty się temu poddać, metaforycznie ugiąć kolan.

Stawy kolanowe służą między innymi do klękania i do ruchu. Są oznaką elastyczności, także w obszarze poglądów i przekonań. Obciążające myśli zgromadzone w kolanach i tak znajdą sobie ujście. Poprzez różnego rodzaju kontuzje i dysfunkcje. Takimi myślami są np. te myśli, w których brakuje lekkości, zwinności i giętkości. To myśli, w których się człowiek usztywnia, kategoryzuje bardzo stanowczo, ma zdecydowane i niemodyfikowalne poglądy i dzieli wszystko w życiu na białe i czarne, bez uwzględniania odcieni barw. To powszechnie popierane nazywanie rzeczy po imieniu, a przez stawy kolanowe odbierane jako usztywnienie i radykalizacja poglądów. Ponieważ jeżeli wskazujemy, że coś jest dobre, a coś jest złe, to automatycznie osądzamy i piętnujemy.

W kolanach, które dokuczają bólem, możemy odnaleźć myśli typu „Nie ugnę się. Nie klęknę. Nie poproszę. Nie pozwolę sobie na żadną giętkość ani elastyczność, ani dostosowanie się do okoliczności, ani do niczyich próśb. Będę stać sztywno na swoim stanowisku. Nie znoszę nacisków i presji. Nie akceptuję tego i nie toleruję. Muszę to robić dla mojej matki albo dla mojego ojca, choć wcale nie chcę tego robić". To też myśli, kiedy jeden z partnerów usztywnia się w stosunku do drugiego, nie poprosi. To również dysonans pomiędzy tym, czego nie chce się robić, a tym, do czego jest się zmuszanym. Niezgoda na to, że musi się coś robić, że jest obowiązek wykonania czegoś. Kolana bolą też, gdy ktoś nagromadzi w sobie dużo gniewu i nienawiści.

Jak może zauważyłeś, mądry i dobry człowieku, podobne myśli mogą spowodować dolegliwości zarówno ze strony kolan, jak i kręgosłupa szyjnego. Tak to właśnie wygląda, że nie ma jednego wzorca i to nasz organizm w swej mądrości decyduje, w jaki sposób będzie manifestował myśli i emocje, które potrzebują w nas zaopiekowania. Dlatego łatwiej nam prześledzić ścieżkę od dolegliwości do potencjalnej przyczyny niż przewidzieć konsekwencje danego sposobu myślenia i postępowania.

MYŚLI, KTÓRE WSPIERAJĄ **KOLANA**

Życie jest proste, kiedy jesteśmy na takim poziomie akceptacji, że zamiast szukać winnych, zwracamy się ku sobie i zadajemy sobie pytania „Co mi to pokazuje? Czego mnie to uczy? Skąd to przyszło?”.

W pracy nad złagodzeniem bólu kolan może okazać się pomocną myśl: „Nie muszę wiedzieć. Nie muszę znać odpowiedzi. Nie muszę mieć zdania na każdy temat”. Sama na przykład nie znam się na technologii, nie muszę się znać. Nie muszę mieć nawet poglądów na jej temat. Mogę innym pozwolić je wyrazić.

Najprostszą techniką uwalniania nagromadzonych emocji jest świadomy oddech, gdzie na wdechu myślisz lub mówisz „Akceptuję”, a na wydechu „Odpuszczam”. Proste, wiem, ale czy robisz? Wersją rozszerzoną natomiast będzie wykonanie medytacji.

MEDYTACJA DLA KOLAN

Obecna sytuacja mnie nie cieszy i nie chcę się w niej znajdować. Akceptuję ją jednak taką, jaką jest. Przyglądam się jej z boku i otwieram się na możliwości nauki, które z sobą dla mnie niesie. Akceptuję relację, którą mieli i/lub mają między sobą moi biologiczni rodzice. Akceptuję, jeśli jej nie było i/lub nie ma. Jako dziecko moich biologicznych rodziców nie ponoszę odpowiedzialności za to, jaka między nimi była historia, ponieważ jest to ich historia, a ja jako dziecko nie biorę jej ciężaru na siebie, nie muszę stać sztywno na stanowisku jednej ze stron. Pozwalam sobie akceptować, że ludzie mają różne punkty widzenia, różne zdania, różne poglądy i różne losy. Pozwalam sobie na akceptację całej gamy barw i różnorodności doświadczeń, światopoglądów i opinii. Mam prawo do zmiany zdania, mam prawo do zmiany stanowiska, mam prawo do zmiany opinii. Nie muszę pozostawać przy raz podjętej decyzji, przy raz obranej strategii. Mogę pozwolić sobie na giętkość, mogę pozwolić sobie na elastyczność. Mogę pozwolić sobie na zrozumienie, że nie wszystko jest takie, jakim wydaje się być. I że mogę uwolnić się od osądów i od oceny, gdyż nie posiadam absolutnie wszystkich elementów potrzebnych do wydania wyroku.

PIERWSZA LEKTURA
DATA: . . . .

ODCZUCIA, MYŚLI I REFLEKSJE:

. . . .
. . . .
. . . .
. . . .
. . . .
. . . .

DRUGA LEKTURA
DATA: . . . .

ODCZUCIA, MYŚLI I REFLEKSJE:

. . . .

. . . .

. . . .

. . . .

. . . .

. . . .

TRZECIA LEKTURA
DATA: . . . .

ODCZUCIA, MYŚLI I REFLEKSJE:

. . . .

. . . .

. . . .

. . . .

. . . .

IX

MYŚLI A JELITA

WPROWADZENIE

W tej części książki zamieściłam medytację, stworzoną dla mojego taty, kiedy w szpitalu oczekiwał na operację, która koniec końców się nie odbyła. Medytacja dla jelit była pierwszą medytacją dedykowaną konkretnemu organowi na Planecie Soni. Otrzymaliśmy wiele wiadomości, że po jej wysłuchaniu mijają nie tylko dolegliwości związane z jelitami: komuś minął ból w karku, to w kolanie, to w plecach. Ludzie pisali i mówili o niesamowitych efektach, o reakcjach z ciała, doświadczanych po jedno- lub wielokrotnym odsłuchaniu, a czasem nawet w trakcie.

Potrzebowałam dużo czasu, żeby dopuścić do siebie świadomość, że osiągnęłam w czymś poziom ekspercki w porównaniu z innymi obszarami moich aktywności, więc zanim nagrałam kolejną taką medytację, minął rok. Moim mistrzowskim obszarem jest więc nagrywanie medytacji dla konkretnych organów i części ciała i chcę w tym miejscu zaznaczyć, że każdy nosi w sobie ukryte skarby. Tam w środku mamy pokłady złota, do których tylko potrzebujemy się dokopać. W odkrywaniu swoich talentów i tych wewnętrznych skarbów pomoże Ci, dobry i mądry człowieku, książka *Odkryj siebie*, czyli druga z serii *Osobistych książek z ćwiczeniami*. Powstała ona po sześciu edycjach kursu, po którym odziedziczyła nazwę. To właśnie po tegorocznej edycji kursu w końcu do mnie dotarło, że to jest mój największy zasób. To jest to, co mogę dać światu na dzień dzisiejszy najlepszego - medytacje dedykowane konkretnym organom, które skutecznie rozluźniają i przywracają nerw błędny do równowagi.

MYŚLI, KTÓRE NIE SŁUŻĄ JELITOM

Jelita to przyswajanie składników pokarmowych – analogicznie do przyswajania nowych treści – i wydalanie – podobnie jak pozbywanie się tego, co jest niepotrzebne, co jest stare i co nie służy.

ZAPARCIA

Zaparcie to inaczej zatrzymanie, czyli niechęć do przepracowania jakiegoś tematu, do rozstania się z czymś albo z kimś, uwięzienie w przeszłości, utknięcie z czymś, czego nie chcemy lub nie potrafimy się pozbyć, z czego podświadomie boimy się zrezygnować, z kimś albo z czymś pożegnać, obawiamy się straty i nie wierzymy wystarczająco w siebie. To stare wspomnienia z przeszłości i niebudujące relacje, które już nic nie wnoszą, nie mają w sobie nic, co mogłoby odżywiać, ale wciąż nie potrafimy ich odpuścić, bo jeśli stracimy kontakt z tym gronem osób, to pozostanie nam pustka, jako że nie wierzymy w naszą wartość i możliwość nawiązania nowych, zdrowych przyjaźni.

To również skąpstwo albo obawa przed wydawaniem pieniędzy powiązana z przekonaniem, że pieniądze na drzewach nie rosną, że trzeba je oszczędzać zamiast zarabiać i że trzeba je przetrzymywać zamiast wydawać.

Działaniem wspierającym jest wyrzucenie i posprzątanie z głowy, z serca, z portfela, z domu, strychu, piwnicy czy garażu tego, co niepotrzebne, zepsute, stare. Przewietrzenie domu jest jak przewietrzenie jelit, wpuszczenie świeżego powietrza, zrobienie miejsca na nowe jak wypróżnienie jelit. Odpuszczanie przeszłości, zamknięcie jej i otwarcie na nowe, w tym na nowe znajomości, kontakty, na nową pracę, nowe miejsca, nowych ludzi. Otwieram się na nowe.

Warto zwrócić uwagę również na różnego rodzaju powiedzenia. Znajomy cierpiał na zatwardzenia w czasie dni wolnych od pracy. Zmiana rytmu dnia to jedno, a drugie to jego powiedzonko „Nie sr*m pieniędzmi" stale powtarzane, kiedy żona chciała dokonać nieco poważniejszego zakupu. Czyli w skrócie: nie pracuję, to nie wydalam.

WZDĘCIA

Wzdęcia pojawiają się, gdy to, co zjedliśmy nie do końca nam posłużyło, bo jest dla jelit zbyt trudne do strawienia lub zbyt obfite.

Które z następujących niewspierających myśli pojawiają się w Twojej głowie: „Za dużo tego. Zbyt wiele biorę na siebie. Mam zanadto obowiązków i zadań. Teraz to przesadziłem/łam. Zbyt wiele mam na głowie, nie umiem w tym znaleźć nic dobrego dla mnie. To jest dla mnie zbyt trudne. Nie potrafię tego zrozumieć"?

Wzdęcia związane są więc z granicami: tworzą bufor między człowiekiem a światem, kiedy ten pierwszy czuje się atakowany. Dopatruję się tu analogii do nieświeżego oddechu, który jakby odpycha kogoś, z kim nie chcemy kontaktu. W przypadku wzdęć, to odpychanie jest znacznie silniejsze, zresztą dolegliwości te mogą współwystępować.

Kiedy odpuszczamy i wykonujemy ćwiczenia i medytacje z tej książki, cały organizm wraca do równowagi. Nie potrzebujemy aż tak zajmować się konkretnym organem, kiedy wejdziemy na poziom akceptacji i odpuszczenia. Działania wspierające cały proces to odpuszczanie kontroli, delegowanie zadań, zostawianie sobie więcej przestrzeni każdego dnia, proszenie o pomoc innych. Na wzdęcia (i nie tylko) kojąco działa praca ze *Spokojnym Planerem*, która oznacza planowanie blokowe, mniej zadań i więcej przestrzeni każdego dnia. Taka organizacja daje luz, daje przestrzeń. Dzięki *Planerowi* dzień nie jest przepełniony obowiązkami i sprawami do załatwienia.

BIEGUNKA

Silny strach i niepokój potrafią dać się we znaki naszym jelitom. Nie służy im również uczucie niepewności związane z otaczającym światem i przyszłością, tak powszechne w ostatnich latach. W myślach niewspierających jelita znajdziemy: „Boję się. Czuję ogromny niepokój i strach, przez który dosłownie mogę narobić w spodnie. Nie czuję się bezpiecznie. Nie czuję się dobrze w moim otoczeniu i w tej sytuacji, w jakiej się znajduję, a nie mogę od niej uciec, choć chcę. Mam wrażenie, że wszędzie czają się zagrożenia i wszędzie czyhają na mnie niebezpieczeństwa, a ja nie mam siły by się bronić. Czuję się skrajnie wyczerpany/a przez to wszystko wokoło, jestem zmęczony/a i bardzo chciałbym/chciałabym uciec, bo moja sytuacja jest trudna do zniesienia. Nie czuję się z tym bezpiecznie i chcę się tego natychmiast pozbyć. Nie chcę się zatrzymywać i analizować tego, co się stało, chcę mieć to już za sobą".

Pomocny może się tu okazać powrót do okresu dzieciństwa i przepracowanie go między innymi przy pomocy ćwiczeń zawartych w książce *Zaakceptuj siebie*. Ponieważ mogło być tak, że dorośli mający zapewnić dziecku poczucie bezpieczeństwa, budzili w nim strach, poczucie zagrożenia lub je – co gorsza – w jakiś sposób wykorzystywali. Stąd w dorosłym życiu sprzeczność, jakiej doświadcza człowiek rozdarty między znajomym stanem ciągłego zagrożenia i naturalną potrzebą bezpieczeństwa. Stąd reakcja gwałtownego pozbycia się z jelit wspomnień przemocy, negatywnych zachowań ludzi, związków.

Zaakceptowanie tego, co miało miejsce w przeszłości, tego, jacy dorośli mnie wychowywali i jak moje dzieciństwo wyglądało, pozwala znieść tę sprzeczność pomiędzy brakiem bezpieczeństwa w dzieciństwie a potrzebą odczuwania go.

MYŚLI, KTÓRE WSPIERAJĄ **JELITA**

Jeżeli jelita upominają się o uwagę, bolą i doskwierają im wszelkiego rodzaju dolegliwości, to usiądź teraz spokojnie albo połóż się i zacznij spokojnie oddychać, troszkę wolniej niż miałbyś/miałabyś na to ochotę. Poniżej, mądry i dobry człowieku, znajdziesz medytację dla jelit. Ta medytacja została oparta na jednej z prostszych technik, którą poznałam dzięki dr Hawkinsowi i jego książce *Technika uwalniania* (2013). Jak twierdzą stosujące ją osoby mimo tego, że została stworzona z myślą tylko o jelitach, potrafi przynieść ulgę także innym obszarom ciała. Usiądź w ciszy i czytając, obserwuj, co mówi do Ciebie Twoje mądre ciało.

MEDYTACJA DLA JELIT

Połóż dłonie na Twoich jelitach i skomunikuj się z nimi, aby łatwiej uchwycić tę myśl domagającą się właśnie tam zmiany.

Weź teraz wdech i wraz z nim powiedz „Akceptuję", a z wydechem powiedz „Odpuszczam". Odpuszczam te wszystkie emocje i te wszystkie myśli, które przyszły po tych pierwszych słowach, tym niestrawnym kęsie, tym, czego nie mogę strawić, z czym nie mogę się pogodzić. Z każdym wydechem odpuszczam, z każdym wdechem zapraszam do moich jelit akceptację tego, że rzeczy są, jakie są, były, jakie były – akceptuję, odpuszczam.

Jeśli poczujesz, że Twoje dłonie z brzucha chcą zawędrować gdzie indziej – posłuchaj ich. To oznacza, że Twoje ciało komunikuje się z Tobą. Pozwól obrazom przychodzić do Twojej głowy i cały czas kontynuuj proces: wdech – „Akceptuję", wydech – „Odpuszczam". Jeśli nic nie przychodzi Ci do głowy, to też jest w porządku, wszystko jest z Tobą dobrze i wszystko jest dobre takie, jakie jest.

Odpuszczam wszystko to, co uważam za trudne do strawienia, wszystko to, co uważam za niesprawiedliwe, niezrozumiałe, nieodpowiednie, wszystko to, co się wydarzyło i co chcę wyprzeć. Wszystkie uciążliwości i trudności, które były i są w moim życiu – akceptuję, odpuszczam te wszystkie sytuacje, w których moje decyzje nie były słuszne. Dziś już wiem, że można było inaczej, ale wtedy tego nie mogłem/am wiedzieć. Nie cofnę czasu, dlatego akceptuję i odpuszczam. Bywa, że nie umiem podjąć decyzji, waham się, miewam problemy z dokonywaniem wyborów. Odpuszczam strach i lęk związany z tym, że jeśli sobie z tym nie poradzę, jeśli się z tym nie uporam, to moje życie legnie w gruzach.

Jeśli jestem tutaj po to, żeby się rozwijać, wzrastać i doświadczać, to akceptuję i odpuszczam. Jeśli chcę coś przyspieszyć, pozbyć się jakichś kłopotów, jakiejś trudności, to akceptuję i odpuszczam, bo wiem, że niesie to dla mnie wskazówki i informacje o mnie.

To ja trzymam ster, ja decyduję. W zależności od pogody stawiam lub zwijam żagle, schodzę pod pokład lub na nim zostaję. Wiem, że każda przebyta mila to moje bezcenne, jedyne i wyjątkowe doświadczenie, moje bogactwo przeżyć.

Jelita mówią: „Hej! Trzeba odpuścić, wypuścić, uwolnić. Nie chcemy osądu, on nam nie służy. Chcemy akceptacji i odpuszczenia. Gniew, złość, żal, pretensje – tak wielkie, że nie można ich strawić. Odpuść, bo nam źle, bo nam ciężko. To nic nie da, to nie zmieni ani tamtej sytuacji, ani tamtych ludzi, ani tych trudności i ani tych ludzi. To nie ta droga, my tędy nie chcemy i dlatego dajemy o sobie znać i wołamy: zaakceptuj i odpuść, i oddychaj. Tak, są rzeczy, które wydają się niewybaczalne. Tak, to prawda, takie się wydają, ale my wtedy cierpimy, my, Twoje jelita".

Wybaczam, bo chcę zdrowia. Wybaczam i robię to dla siebie, bo jestem ważnym, dobrym i mądrym człowiekiem, bo jestem potrzebny temu światu i dlatego żyję. To jest dowód: mam żyć i dlatego żyję. Dlatego decyduję się wybaczyć i robię to dla siebie, dla mojego dobra i tym samym dla dobra ludzi, którzy mnie otaczają.

Wybaczam sobie. Z perspektywy czasu widzę, że nie potrafiłem/am inaczej. Nie umiałem/am lepiej. Dzięki temu teraz więcej wiem i rozumiem. Dlatego odpuszczam żal do siebie, by nie obciążał już mnie i moich bliskich.

Akceptuję i odpuszczam tę wściekłość na siebie samego, kiedy mam wrażenie, że los rzuca mi kłody pod nogi, a ja nie czuję, że stanowię o własnym życiu. Odpuszczam to myślenie i akceptuję fakt, że to ja decyduję, trzymam ster mojego życia, tylko jeszcze muszę nauczyć się sztuki bezpiecznego żeglowania. W końcu zrozumiem, który wiatr mi pomaga, a kiedy trzeba zwinąć żagle. I akceptuję to, że burzę należy przeczekać pod pokładem. To wszystko minie, rzeczy są, jakie są. Pogoda jest, jaka jest. Akceptuję, odpuszczam.

Te pojawiające się w moim życiu kłopoty i trudy – to ja je tak klasyfikuję, a tak naprawdę to tylko pewne wydarzenia, które niosą informacje i docierają do mnie przez ciało. Nie potrafiłem dotąd, ja, dobry i mądry człowiek, zauważać tych sygnałów. Dopiero dyskomfort i ból zwracają moją uwagę na nie i na fakt, że życie cały czas do mnie mówi.

Akceptuję, choć nie jest łatwo zaakceptować. Akceptuję, choć być może nie rozumiem. Akceptuję, mimo że nie jest to łatwe. Akceptuję moje emocje, mój gniew, moją złość, moje pretensje, moją niemożność strawienia tego kęsa, moje poczucie niesprawiedliwości. Decyduję, że wchodzę na ścieżkę akceptacji i odpuszczenia.

Odsłuchaj lub odczytaj kolejne zdania:

Oddzielenie. Poczuj emocje związane z oddzieleniem, poczuj je, oddychając. Wdech – „Akceptuję", wydech – „Odpuszczam".

Przychodzi kolejne słowo, „separacja". Akceptuję, odpuszczam. Oddychaj tym słowem i wszystkim, co w związku z nim przychodzi.

Pooddychaj zdaniem: „Ten związek jest poza normą". Oddychaj swobodnie, lekko i wydychaj te wszystkie emocje, które przychodzą, te obrazy, które się pojawiają wydychaj, pozwól im odpłynąć wraz z wydechem.

Spójrz teraz na taką myśl: „Połknięte, nawet przeżute, ale to jeszcze nie jest moje, to jeszcze nie jest strawione, to jeszcze nie jest zintegrowane". Te myśli teraz zaakceptuj i odpuść, zaakceptuj, odpuść. To nic. Tak, to jeszcze nie jest Twoje, jeszcze tego nie posiadasz. Jest blisko, ale nie zostało wchłonięte i nie jest częścią Ciebie, nie jest jeszcze Twoje i to jest okej. I teraz wdychaj akceptację dla tej sytuacji.

Potrzeba czasu, żeby wyrobić w sobie szczere przekonanie, że wszystko dzieje się tak, jak ma się dziać i wszystko jest w porządku. Podejmij decyzję, że wszystko akceptujesz i wszystko odpuszczasz. Wyślij teraz mnóstwo miłości do swoich jelit, do całego układu trawiennego.

„Kocham Was, moje jelita. Dziękuję Wam za wszystkie sygnały, które wysyłacie, za naprowadzanie na właściwą ścieżkę, ścieżkę akceptacji i odpuszczenia, przekonania, że rzeczy się dzieją tak, jak powinny, że moja rzeczywistość się zmienia, a ja się rozwijam, że w związku z tym ludzie wokoło też się przeobrażają – to wszystko jest w porządku. Akceptuję, akceptuję i odpuszczam. Dziękuję Wam, moje jelita za wszystkie sygnały. Kocham Was".

Możesz potrzeć dłonią o dłoń, przyłożyć do brzucha, poczuć wdzięczność do tej części Twojego ciała. Podziękuj za wszystkie sygnały naprowadzające, które Ci wysyła układ trawienny. Zdecyduj, że chcesz być z nim w kontakcie.

PIERWSZA LEKTURA
DATA: . . . .

ODCZUCIA, MYŚLI I REFLEKSJE:

. . . .

. . . .

. . . .

. . . .

. . . .

. . . .

DRUGA LEKTURA
DATA: . . . .

ODCZUCIA, MYŚLI I REFLEKSJE:

. . . .

. . . .

. . . .

. . . .

. . . .

TRZECIA LEKTURA
DATA: . . . .

ODCZUCIA, MYŚLI I REFLEKSJE:

. . . .

. . . .

. . . .

. . . .

. . . .

. . . .

X

MYŚLI A ALERGIE

WPROWADZENIE

„Alergie często mają dzieci, ponieważ one, w odróżnieniu od dorosłych, jeszcze nie nauczyły się kontrolować swoich emocji. Reakcja alergiczna u dzieci to odzwierciedlenie zachowania rodziców” (Sinielnikow, 2008:219). Alergia to poczucie, że świat zewnętrzny jest wrogi, że jest coś, co atakuje, coś, co zagraża bezpieczeństwu lub coś, co budzi naszą niezgodę, czego nie jesteśmy w stanie tolerować.

Być może znacie już z live'ów opowieści o alergiach moich dzieci, teraz więc dla odmiany opowiem Wam historię o alergii na jabłka.

Jadę pociągiem relacji Praga-Katowice. Mężczyzna w przedziale zamawia kawę, ja wodę, wywiązuje się rozmowa. Wtedy nasz projekt nazywał się jeszcze Languages & Emotions i nie posiadał – o paradoksie – anglojęzycznej wersji strony www. Nie było jeszcze osobistych książek z ćwiczeniami, jedyne, co miałam, to moje przekonanie, że dolegliwości są odzwierciedleniem myśli w naszym ciele.

- A czym się pani zajmuje?

- Myślami w ciele.

- O, a to ciekawe...

No to tłumaczę, bo jestem fascynatką tej tematyki.

- A wie Pani, mój syn ma alergię na jabłka. Tylko jabłka, od urodzenia. I co Pani na to?

Zadaję więc szereg pytań, a mina i wzrok rozmówcy mówią „wariatka". Ja czuję, że właśnie wali się mój wizerunek, że mój towarzysz podróży zaraz straci cierpliwość, bo na wszystkie moje pytania odpowiada „Nie, nie, nic takiego nie było, nie, to też nie, nie, tak nigdy, nie nikt w rodzinie, nie, nie"...

Jesteśmy w przedziale niejako skazani na swoje towarzystwo, pytam więc dalej, choć już zniechęcona, słysząc coraz bardziej pogardliwie i kpiąco brzmiące "Nie"... aż nagle twarz mężczyzny zmienia wyraz. Otwiera szeroko oczy ze zdziwienia, nie mogąc uwierzyć w to, co sobie właśnie uzmysłowił. Nawet pisząc o tym po latach mam ciarki na całym ciele. On patrzy, przestał pytać, na twarzy widać olśnienie. Znam to spojrzenie i czuję ulgę, znaleźliśmy, ufff, jestem uratowana, a mężczyzna, przenosząc się lata wstecz, zaczyna opowiadać:

„Moja żona spędziła całe dzieciństwo na jedzeniu nadgniłych jabłek. Rodzice mieli sad, a w nim jabłonie. To był biznes, który utrzymywał ich przez cały rok. W czasie zbiorów do skupu szły tylko nieuszkodzone jabłka, pozostałe były kolejno odkładane na użytek domowników, co sprawiało, że nim przyszła ich kolej, były już mocno nadpsute. Jako dziewczynka i nastolatka w domu rodzinnym, żona nie mogła jeść zdrowych, pięknych jabłek na sprzedaż, zostawały jej tylko te, z których trzeba było odkrawać zepsute części.

I ona – mówi do mnie przejęty – nawet po łapach kiedyś od mamy dostała, gdy chciała zjeść jedno zdrowiutkie, ładne jabłuszko. Dla domowników były tylko jabłka-odpadki. Przez tyle lat, wyobraża to sobie Pani?".

Siedzi w milczeniu, nie może uwierzyć, że sam do tego doszedł...

„I wie Pani, moja żona ma hopla na punkcie jakości warzyw i owoców, jeździmy po najzdrowsze na bio bazar w Brnie i ona starannie wybiera, nasze dzieci jedzą najpiękniejsze i najzdrowsze warzywa i owoce... a syn ma taką alergię na jabłka... od zawsze... Ja to wszystko żonie opowiem. Proszę mi tylko powiedzieć, co teraz mamy z tym zrobić?"

Wtedy nie miałam tej książki, dziś bym ją poleciła.

Częstymi objawami alergii są różne zmiany na naszej skórze. Skóra jako narząd oddziela nas od otoczenia i chroni nas przed nadmiernym wpływem środowiska zewnętrznego. Dlatego wszystkie sytuacje, w których poczuliśmy, że jesteśmy oddzieleni lub odseparowani od naszych bliskich, grupy, czy społeczności, na której nam zależy, mogą manifestować się wysypką, plamami, rumieniem lub innymi zmianami. Poza ogólnym spojrzeniem na alergie warto wtedy uwzględnić lokalizację objawów na ciele.

MYŚLI WYWOŁUJĄCE **ALERGIE**

Alergia, uczulenie, podrażnienie, wysypka, nietolerancja. No właśnie – brak tolerancji i na tym właściwie można by skończyć. Syn przyjaciółki ma problemy z cerą, ona po różnych konsultacjach twierdzi, że nie widać żadnych efektów, tyle że w jej myśleniu i w jej życiu też nie ma zmiany. Czy może tkwić ciągle w tym samym? Może. Czy mam prawo to osądzać? Nie. Czy powinnam uczyć się akceptacji dla wyborów innych? Tak.

Do przepracowania i zmiany w przypadku szeroko rozumianych alergii może być, na przykład, brak akceptacji całej rodziny dla jednego z dziadków, brak tolerancji matki dla zachowań ojca, brak tolerancji dla niektórych zwyczajów męża/żony, brak tolerancji dla ludzi głosujących na inne partie, dla systemu politycznego, dla sąsiada, który..., koleżanki, która... Mówiąc ogólnie, należałoby się oduczyć oceniania, krytykowania, nieakceptowania.

Oczywiście, zrozumienie, dlaczego pojawiła się akurat alergia pokarmowa czy wziewna, dlaczego występuje w danym czasie w roku, wymaga pochylenia się nad każdym przypadkiem z osobna, jednak one od listka, po gałązce przez pień docierają do tych samych korzeni... No cóż, znamy dobrze naukę (czy też ostrzeżenie) „Nie sądźcie, abyście nie byli sądzeni" (Mt 7, 1).

Kobieta jest przed ważną dla siebie imprezą. Oczy opuchnięte, łzy, nie ma szansy nie tylko na profesjonalny makijaż, ale nawet na odrobinę tuszu do rzęs. Zamówiona makijażystka nic nie może zrobić. Sonia ratuj. Sonia ratuje, zamawiając terapię jedną z metod podróży do ciała. Sesja odbywa się wieczorem, nazajutrz kobieta wstaje jak nowa, makijażystka robi piękny makijaż, impreza się udaje.

Gdybym miała obrazowo wyjaśnić, na czym polega tak zwane zapięcie emocji w ciele, to użyłabym metafory rzeki i płynącego na niej konaru drzewa. Energia, która płynie przez ciało jest jak rzeka, a zdarzenia są jak płynące rzeką konary drzew. Kiedy są duże (trudne, szokujące), mogą, obracając się w poprzek, utknąć i trochę zaburzyć przepływ wody. Z czasem na takiej blokadzie mogą osiąść inne płynące z nurtem gałęzie, rośliny czy śmieci. Dlatego jeśli gałąź zablokuje przepływ, nie jest ona tym, co tak naprawdę zmienia drożność rzeki, bo wszystko zaczęło się od tego pierwszego blokującego kawałka drzewa. Stąd nie jest wcale oczywistym odnaleźć pierwotną przyczynę wystąpienia alergii, bo tym pierwszym elementem mogło być zdarzenie sprzed wielu lat. To często wymaga powtórzonych sesji, dłuższego rozplątywania emocji, etapowego docierania do tej pierwszej myśli „Nie akceptuję". Na szczęscie nie zawsze jest to koniecznie i zmieniając całkowicie swoją postawę względem życia, można uniknąć długich poszukiwań przyczyn wystąpienia alergii.

Zapytaj siebie:

Czy kogoś lub czegoś w swoim życiu nie znosisz, nie akceptujesz, nie cierpisz?

Które wspomnienie, sytuacja, osoby z dzieciństwa wręcz „zamulają" Ci duszę? Co tam jest odrażającego, jakie głęboko przygnębiające emocje? Ile razy jako dziecko myślałeś/łaś lub słyszałeś/łaś, że coś jest naganne? Że tak nie można? Takie oburzenie i brak akceptacji wywołujące falę gniewu często u podłoża mają lęk i poczucie zagrożenia. Te skumulowane emocje wydostają się czasem przez skórę.

Okoliczności zewnętrzne (ludzie, zdarzenia, pory roku), mogą być tak silne, że uruchomią reakcje ciała: „zawór puszcza, bo ciśnienie wzrasta".

MYŚLI PRZYWRACAJĄCE **RÓWNOWAGĘ**

Postaram się wejść na najwyższy poziom uogólnienia i skierować tę medytację, i zawarte w niej komunikaty do Twojego podświadomego umysłu, mądry i dobry człowieku. Na początek możesz potrzeć dłońmi o siebie i przyłożyć w to miejsce na ciele, które jest najbliżej objawów alergicznych (na końcu tego tekstu znajdziesz miejsce na zanotowanie odczuć).

MEDYTACJA NA ALERGIE

Podświadomy umyśle, kieruję te słowa do Ciebie. Ty wiesz, o które oddzielenie chodzi. Ty wiesz, które wspomnienie oddzielenia jest przywoływane. O które wspomnienie woła ciało, które wspomnienia chce ukochać, zaakceptować, odpuścić. Kiedy czegoś/kogoś brakowało, kiedy była tęsknota, kiedy nagle był brak, kiedy nagle trzeba było przestać, rozstać się?

To ciało przypomina, które wspomnienie teraz uwolni. Jaki lęk woła o utulenie, o ukojenie?

Możesz zdecydować o powolnym uwalnianiu, powolnym procesie dokonującym się w Tobie etapami, wraz z powtarzaniem tej medytacji. Poczuj, jak regulujesz wewnętrzną moc odpuszczania i uwalniania tego wspomnienia, które woła o ukochanie, o akceptację, o ukojenie. Oddychaj powoli z wdzięcznością, wsłuchując się w swoje ciało. Co na zewnątrz działo się takiego, że potrzeba tam wiele miłości? Uwalniaj te obrazy, które przychodzą Ci być może do głowy, które podsuwa Ci teraz podświadomy umysł. Wpuść do nich światło, oddech, bez osądzania i oceniania, z pełną akceptacją i wdzięcznością. Możesz znowu potrzeć dłonie, przyłożyć do tego miejsca na skórze. Jakie oddzielenie naznaczyło Cię strachem? Jakie porzucenie gdzieś utknęło i teraz blokowało przepływ? Jest na to zgoda, jest zgoda na uwolnienie. Wypełniaj się światłem. Życie może być lekkie, jeśli lekkie stają się myśli. Jeśli myśli uwalniają się od ciężaru straty, smutku, tęsknoty, porzucenia, odrzucenia, oddzielenia. Oddychaj, oddychaj niespiesznie i uwalniaj. Wypełniaj, proszę, światłem i oddechem Twoje ciało, Twoje wnętrze. Krok po kroku. W miejsca tęsknoty i straty powoli wlewa się miłość bezwarunkowa, bezgraniczna, wszechobecna i wszechmocna. Oddychaj.

To, co jest na zewnątrz, jest przyjazne, potrzebuje tylko móc pokazać się z tej przyjaznej strony. Ludzie są, jacy są, rzeczy są, jakie są i zdarzenia są, jakie są. Odchodzi oburzenie, brak zrozumienia, ocenianie, potępianie, osądzanie. Chcę, by świat zewnętrzny pokazał mi się z najpiękniejszej, karmiącej i wspierającej strony. Oddycham.

Teraz czuję, jak to, co oddzielone, się łączy. Elementy, które były przeciwstawne, splatają się. Złącz proszę kolana, złącz dłonie na znak połączenia tego, co było rozdzielone, co nie mogło być jednością. Poczuj teraz, jak unosisz się w górę. Poszerza się Twoja świadomość i unosi Cię. Jesteś już nad kulą ziemską, widzisz, jaka jest mała, obejmujesz ją całą swoją świadomością i czujesz, jak dostrajasz się do kosmosu. Jesteś ze wszystkim i z wszystkimi jednością. Wszystko jest razem, wszystko jest połączone. Oddychasz tym połączeniem. Możesz potrzeć teraz dłonie i jeszcze raz przyłożyć je, tym razem do serca, i poczuć jego bicie, i poczuć słowo „jedność". Możesz je wyszeptać, niech bije rytmem Twojego serca. Tak jak w Tobie połączyły się dwie komórki, by dać Ci życie, tak wszystko, co rozdzielone i oddzielone, niech teraz się złączy i tworzy cuda, takie cuda, jakimi jesteś Ty i życie, które powstało na skutek połączenia w jedność dwóch komórek. Pozwól, by proces spokojnie się dokończył, oddychając powoli. Wdech: „Akceptuję", wychech: „Odpuszczam".

PIERWSZA LEKTURA
DATA: . . . .

ODCZUCIA, MYŚLI I REFLEKSJE:

. . . .

. . . .

. . . .

. . . .

. . . .

. . . .

DRUGA LEKTURA
DATA: . . . .

ODCZUCIA, MYŚLI I REFLEKSJE:

. . . .

. . . .

. . . .

. . . .

. . . .

TRZECIA LEKTURA
DATA: . . . .

ODCZUCIA, MYŚLI I REFLEKSJE:

. . . .

. . . .

. . . .

. . . .

. . . .

. . . .

XI

MYŚLI A SERCE

WPROWADZENIE

Moja arytmia, tzw. wtórna, została stwierdzona, gdy pisałam doktorat. Dokuczało mi kołatanie serca, nieregularne skurcze, brak oddechu. Pamiętam pewną wizytę u kardiolożki 15 lat temu, gdy podczas badań serce jak na złość biło mi wzorowo. Czułam się, jakbym symulowała, aż do chwili, kiedy pani doktor poprosiła, abym pomyślała sobie o tym, co aktualnie najbardziej mnie stresuje. Na wyniki nie trzeba było długo czekać: wystarczyło, że pomyślałam sobie o doktoracie, a serce od razu zaczęło mi bić nieregularnie i szamotać się w piersi, ku mojej paradoksalnej uldze.

Kiedy nie kochasz siebie, dobry i mądry człowieku, i boisz się, co pomyślą o Tobie inni, to stajesz się podatny na zranienia – tak jak ja wtedy. Na szczęście badanie wyszło pomyślnie, czyli zdiagnozowano wtórną arytmię serca. Brałam więc lekarstwa, co trochę pomagało, ale wszystko minęło dopiero, gdy zakończyłam pracę nad doktoratem i obroniłam go, bo przestałam o nim myśleć.

Czasem nawet nie zdajemy sobie sprawy z możliwości naszego serca. Pole magnetyczne emitowane przez serce zostało zmierzone naukowo przez badania w HeartMath Institute i jest zadziwiająco szerokie oraz silne. Można zmierzyć pracę serca w zależności od myśli, które przychodzą do głowy. Sama przekonałam się o tym, kiedy mój mąż doświadczył komunikacji na dystans dwóch serc.

Pewnego dnia, gdy moje dzieci były jeszcze małe, przyjechali do nas teściowie, żeby się z nimi pobawić. Mąż miał spokojne, wolne popołudnie, a ja pojechałam na zakupy. Okazało się, że jest to czas atrakcyjnych przecen w sklepach z odzieżą i zabawkami dla dzieci. Spędziłam w sklepie sporo czasu, starannie wybierając okazyjne perełki. Kiedy kasjerka nabijała ostatni produkt na kasę, z głośników w centrum handlowym rozległ się męski głos, który bardzo poważnym tonem poinformował o ewakuacji spowodowanej zagrożeniem pożarowym i nakazał klientom natychmiastowe opuszczanie budynku. Zdążyłam tylko poprosić o odłożenie dla mnie tych wszystkich starannie wyselekcjonowanych ubranek, bym mogła je następnego dnia odebrać. Ogromnie wystraszyłam się tego komunikatu z głośników, zwłaszcza że miałam małe dzieci i czułam, że absolutnie potrzebuję do nich wrócić. Wszyscy kierowali się do wyjścia, z reguły normalnym krokiem, ja natomiast prawie biegłam do samochodu, wyprzedzając pozostałych klientów. Opuszczając budynek, jeszcze raz usłyszałam komunikat o ewakuacji.

Kiedy przyjechałam do domu, opowiedziałam, co się stało, a po kolacji normalnie poszliśmy spać. Następnego dnia rano mąż podczas mycia zębów zapytał mnie:

– Sonia, a wczoraj, jak była ta ewakuacja, przestraszyłaś się?

– Bardzo – odpowiedziałam. Naprawdę byłam przerażona – serce prawie mi stanęło.

– A o której to było?

Wiedziałam doskonale o której, ponieważ kiedy podeszłam do kasy, spojrzałam na zegarek i była dokładnie 18:59, czyli czas, gdy nasze dzieci zasiadały do obejrzenia dobranocki w telewizji. Usłyszawszy moją odpowiedź, mąż zwolnił mycie zębów i zapytał skupiony:

– I raz się tak przestraszyłaś?

– Nie, dwa razy. Drugi raz, kiedy powtórzono informację o zagrożeniu pożarowym i koniecznej ewakuacji.

– A w jakim odstępie czasu to było?

Mijałam wtedy sklep RTV i AGD, a mąż wiedział, jaka jest odległość jest między tymi dwoma sklepami w centrum handlowym. Wypłukał usta usiadł na kanapie i siedział na niej przez dłuższą chwilę nieruchomo, jakby zszokowany, dając znak, że potrzebuje chwili spokoju. Wreszcie opowiedział mi, że kiedy poprzedniego dnia wchodził po schodach, żeby włączyć dzieciom dobranockę, poczuł się nagle tak słabo, jakby ktoś wyłączył mu zasilanie. Przestraszony wrócił na kanapę, odczekał chwilę, nabrał pewności, że czuje się lepiej i wrócił na schody, gdzie znów odniósł wrażenie, że wszystkie siły go opuściły. Włączył dzieciom telewizor, a później siedział, odpoczywał i zastanawiał się nad tym, co mu się przydarzyło.

Czy serca kochających się ludzi, którzy są sobie bliscy, potrafią komunikować się na odległość? Czy jedno serce, potrafi wyczuć silne emocje drugiego, bliskiego mu serca? Doświadczyłam takiego zjawiska i niezmiernie mnie poruszyło to, co opowiedział mi mąż.

MYŚLI, KTÓRE NIE SŁUŻĄ **SERCU**

Serce nie lubi strachu i poczucia zagrożenia – wtedy często reaguje głośną, wyraźnie odczuwaną pracą, którą określamy jako kołatania serca. Jeśli poziom tych emocji jest wysoki, może pojawić się niemiarowość, a nawet arytmia – tak jak w moim przypadku. Sercu szkodzi też przeciążenie, przepracowanie, nadmierna ambicja i chęć udowodnienia swojej wartości wszystkim wokół: przełożonym i podwładnym. Nie służy sercu pośpiech i brak łączności z rodzicami (w szczególności z ojcem). Zawału możemy dostać, gdy mamy poczucie nagłej utraty czegoś lub kogoś dla nas bardzo ważnego (śmierć lub zdrada partnera/partnerki, jednego z rodziców, pracy, własnego biznesu, majątku, pozycji społecznej itp). Zasadnym są wtedy pytania, co taka osoba sobie przypomniała, co sobie uświadomiła, że nastąpiła tak silna reakcja. Oddychaj.

Serce traktowane jest jako siedlisko miłości i mocno wiąże się z naszymi relacjami zarówno z innymi, jak i z samym sobą. Ucisk w klatce piersiowej, bóle w tym rejonie nawiązują do poczucia bycia niekochanym. Możemy je odczuwać w sytuacji konfliktu w domu lub w pracy, gdy pojawiają się wątpliwości, czy nadal jesteśmy darzeni sympatią przez otoczenie, czy jesteśmy potrzebni. Przypominam, że chodzi tutaj o odczucie, jakie w nas powstaje, a nie stan obiektywny. Oddychaj.

Sercu nie służą także konflikty i nieporozumienia na linii rodzic-dziecko oraz nieporozumienia z partnerem. Oddychaj „Akceptuję - odpuszczam", czytając te fragmenty, wybacz sobie, zaakceptuj. Serce, które jest rozbite, rozdzielone, niepewne, zmartwione, to serce dziecka, odczuwające napięcia między rodzicami. Oczywiście, nie chodzi o wskrzeszanie na siłę miłości, która wygasła (choć warto przeanalizować, czy tak jest naprawdę - zawsze warto dać kolejną szansę uczuciu), ale o to, żeby zaakceptować tę sytuację i nie żywić urazy. Oddychaj.

MYŚLI, KTÓRE WSPIERAJĄ **SERCE**

Dobry i mądry człowieku, masz jedno serce, przecudne takie, jakie jest. Daj mu żyć, otocz je miłością i zadbaj o nie. Sercu służy życzliwość i wdzięczność, więc obdarz je nimi. Podziękuj mu za każde jego uderzenie od pierwszego aż po to teraz. Ono chce do Ciebie mówić, posłuchaj go.

MEDYTACJA DLA SERCA

Usiądź wygodnie, wykonaj kilka miarowych oddechów i wyobraź sobie, proszę, że przed Tobą znajduje się piękny fotel, a na nim siedzi Twoje serce i chce z Tobą porozmawiać, bo bije dla Ciebie i zna Cię doskonale od pierwszego uderzenia. Ono pragnie Twojej uwagi i życzliwości.

Twoje serce bije w piersi, a rozmawiasz z jego hologramem, jego reprezentacją. Możesz położyć na nim rękę, nawiązać z nim kontakt, poczuć jego bicie. Jednocześnie zaś siedzi przed Tobą. Zobacz je oczyma wyobraźni. Czy ma twarz? A oczy? Patrzy na Ciebie? Jaką ma minę? Pamiętaj: Twoje serce bije dla Ciebie. Wiesz, że często za bardzo się denerwujesz, za bardzo się przejmujesz, za bardzo czujesz się przytłoczony, dobry i mądry człowieku, tym, co jest na zewnątrz, tym, jak postrzegasz życie, a serce chce bić miłością. Popatrz na nie i poczuj do niego ogromną wdzięczność. Oddychaj głęboko: wdychaj miłość, wydychaj żale, wdychaj miłość, wydychaj trudy, wdychaj miłość, wydychaj przytłoczenie, wdychaj miłość, wydychaj problemy, wdychaj miłość, wydychaj to, co ciężkie. Oddychaj, niech to przyniesie ulgę Twojemu sercu.

Serce do lepszej pracy potrzebuje, dobry i mądry człowieku, Twojej miłości do siebie i wybaczenia sobie. Ono dawno Ci już wybaczyło. Wybacz sobie, że wciąż za często martwisz się na zapas, że bierzesz na siebie tak dużo, że przejmujesz się innymi i zapominasz o sobie. Wybacz to sobie, dobry i mądry człowieku, nie robiłeś tego specjalnie, jeśli tak postępowałeś, to znaczy, że inaczej nie potrafiłeś.

Połóż rękę na sercu, utrzymuj z nim kontakt i czuj wdzięczność za każde uderzenie. Powiedz „Dziękuję. Dziękuję, że bijesz". Popatrz na serce, które siedzi przed Tobą i zapytaj, czy chce Ci coś powiedzieć. Możesz kontynuować rozmowę w atmosferze wdzięczności, zrozumienia, odpuszczenia. Podziękuj sercu, niech jego hologram przestanie Ci się wyświetlać. Twoje serce nadal bije i jest fantastyczne – chce Ci pomóc i chce Cię prowadzić, ponieważ wie, co jest dobre i budujące. Słuchaj tego, co Ci podpowiada i bądź mu wdzięczny za jego wsparcie.

PIERWSZA LEKTURA
DATA: . . . .

ODCZUCIA, MYŚLI I REFLEKSJE:

. . . .

. . . .

. . . .

. . . .

. . . .

. . . .

DRUGA LEKTURA
DATA: . . . .

ODCZUCIA, MYŚLI I REFLEKSJE:

. . . .

. . . .

. . . .

. . . .

. . . .

TRZECIA LEKTURA
DATA: . . . .

ODCZUCIA, MYŚLI I REFLEKSJE:

. . . .

. . . .

. . . .

. . . .

. . . .

. . . .

Jeśli nigdy, dobry i mądry człowieku, nie miałeś żadnych problemów z sercem, to wszystko, co jest w tym rozdziale, może wydać Ci się dziwne; możesz też znać kogoś, kto ma z sercem problemy i twierdzić, że ta osoba wcale tak nie myśli i nie ma żadnych ze wspomnianych problemów. Pamiętaj, proszę, że znasz tylko zewnętrzną perspektywę i nie wiesz, co kto czuje. Możemy analizować i modyfikować tylko swoje odczucia, a często wymaga to wiele czasu.

Idealnym stanem jest doprowadzenie myśli do takiego stanu, żeby zawsze mogły być wypowiedziane na głos, wszem i wobec, jakbyśmy je nadawali przez megafon. Spójność tego, co myślimy, z tym, co mówimy i robimy, pozwala naszemu ciału i wnętrzu rozwijać się harmonijnie.

By to sobie ułatwić, warto powtarzać z przekonaniem o ich prawdziwości kilka zwrotów. Pierwsze z nich to: „On/ona nie umie inaczej, tak został ukształtowany przez życie. Tak to już jest". Pragnę tutaj podkreślić, że kiedy spotykamy się lub mieszkamy z kimś, to albo go akceptujemy i kochamy takim, jakim jest, albo możemy się rozstać. Kiedy kochasz siebie, wiesz co robić i Twoje wybory są podyktowane miłością, a nie strachem, potrzebą rewanżu czy udowodnienia czegoś komuś. Jeśli zachowanie nieznajomego nie wzbudza Twojego zachwytu, załóż, że ten ktoś po prostu tak obecnie funkcjonuje i pogódź się dla dobra i zdrowia Twojego serca z wyborami tej osoby. Jeśli nie rozumiesz jakiejś sytuacji – a nie trzeba wszystkiego pojmować – możesz powiedzieć sobie „Tak to już jest, widocznie zdarzyło się po coś" i pozwól zdarzeniu przejść do kategorii minionych.

Moja ulubiona fraza to „Przeżyjemy". Niech serce się nie martwi. Przeżyję, dam radę, jakoś to się ułoży. Oczywiście można dokładać sobie zmartwień, a ich ujmowanie wcale nie jest taką prostą sztuką, zwłaszcza jeśli przez lata żyliśmy inaczej. Jednak Twoje serce chce żyć lekko, bez mnożenia kłopotów, chce przeżyć i chce, żebyś Ty przeżył, dobry i mądry człowieku. „Przeżyję, tak, dam radę".

Energia serca jest ogromna, wpływa na naszych bliskich, na nasze otoczenie i życie. Pokochanie siebie umożliwia pielęgnowanie i pomnażanie miłości, jaką później możemy się dzielić z innymi. Pomaga w tym ćwiczenie koherencji serca, czyli stanu harmonii między sercem, umysłem a oddechem, które poznałam na warsztatach Małgorzaty Kwietniewskiej.

ĆWICZENIE – KOHERENCJA SERCA

To ćwiczenie sprawia, że nasz poziom stresu obniża się, czujemy się wypoczęci, zregenerowani, stajemy się bardziej świadomi swoich uczuć i reakcji, łatwiej rozwiązujemy problemy i odczuwamy więcej pozytywnych emocji, takich jak radość, szczęście, wdzięczność.

Weź głęboki oddech, wdech i wydech, ale wyobraź sobie że nie płuca oddychają, tylko Twoje serce. Postaraj się zwizualizować sobie, że całe nabrane powietrze dociera do serca i że serce je wchłania – to prosty sposób na zharmonizowanie uderzeń serca z oddechem. Pokochanie siebie to zadbanie o siebie po to, by móc dobrze zadbać o innych. Ćwiczenie koherencji serca pięknie w tym pomaga, a można je wykonywać w dowolnym momencie dnia i przez dowolny czas. Zaczynamy zatem, oddychamy sercem, wdech do serca, wydech od serca.

PIERWSZA LEKTURA
DATA: . . . .

ODCZUCIA, MYŚLI I REFLEKSJE:

. . . .
. . . .
. . . .
. . . .
. . . .
. . . .

DRUGA LEKTURA
DATA: . . . .

ODCZUCIA, MYŚLI I REFLEKSJE:

. . . .
. . . .
. . . .
. . . .
. . . .

TRZECIA LEKTURA
DATA: . . . .

ODCZUCIA, MYŚLI I REFLEKSJE:

. . . .
. . . .
. . . .
. . . .
. . . .
. . . .

XII

MYŚLI A TARCZYCA

WPROWADZENIE

W tym rozdziale zajmiemy się tym, jak nasze myśli i słowa wpływają na tarczycę. Omówię te, które mogą zaburzyć jej funkcjonowanie. Mogą, ponieważ jesteśmy fantastycznie różni i fantastycznie złożeni.

Tarczyca, by prawidłowo funkcjonować, potrzebuje spokoju, poczucia, że wszystko dzieje się we właściwym tempie, poczucia bezpieczeństwa, swobody wyrażania się. Za każdym więc razem, kiedy wywieramy na siebie presję, ciśnienie, chcemy połączyć obszary życia prywatnego, zawodowego, studiów i jeszcze innych wyzwań w bardzo ambitny sposób, to zaburzamy pracę tarczycy. Również wtedy, gdy nie możemy się swobodnie wyrażać, bo w domu jest presja, kiedy musimy się spieszyć lub prowadzić wyścig z czasem. Można powiedzieć, że jednym z organów, które najbardziej cenią sobie rytm, uporządkowanie i spokój jest właśnie tarczyca. Jeśli dodamy do tego poczucie bezpieczeństwa, to mamy przepis na prawidłowo funkcjonującą tarczycę.

MYŚLI, KTÓRE NIE SŁUŻĄ **TARCZYCY**

Poniżej zajmiemy się dwoma aspektami myśli, które nie służą prawidłowej pracy tarczycy: czasem i poczuciem bezpieczeństwa, warunkującym prawidłową pracę nerwu błędnego (ćwiczenia oparte na teorii poliwagalnej znajdują się w książce nr 4 *Kocham siebie, kocham ludzi, kocham świat. Teoria poliwagalna stosowana*). Tarczyca jest organem najszybciej reagującym na zagrożenie i brak poczucia bezpieczeństwa.

Brak akceptacji dla czasu, który płynie w subiektywnie określony sposób, chęć jego spowolnienia lub przyspieszenia może skutkować zaburzeniem pracy tarczycy. Przy niedoczynności mówimy o czasie, który biegnie zbyt szybko, który musimy spowolnić, bo jest zagrożenie, bo sytuacja, w której się znajdujemy jest stresująca. Czas tak gna, że trzeba koniecznie go spowolnić, trzeba, aby wszystko spowolniło, więc i metabolizm zwalnia. Padają słowa „Nie mam siły na to wszystko", „Jestem za wolny", „To wszystko mnie przytłacza", „Niech to wszystko zwolni", „Nie może tak pędzić, nie daję rady", „Wiem, że muszę działać szybko, ale nie daję rady".

Te myśli dotyczą każdego z typów temperamentu. To nie jest tak, że osoba z natury bardzo powolna nie będzie miała problemów z tarczycą, bo ona ma na wszystko czas. To są bardzo subtelne myśli, które możemy dostrzec tylko sami u siebie. Kiedy podejmuję temat emocji w ciele i powiązania myśli, uczuć i reakcji naszego ciała, zawsze proszę, aby to ta osoba, która ma problem zdrowotny, mnie słuchała, a nie jej bliscy, ponieważ tylko Ty, dobry i mądry człowieku, wiesz, co naprawdę myślisz. Jednak bardzo często nie uświadamiamy sobie tego i wypieramy obecność pewnych myśli i refleksji.

Zbyt szybko biegnący czas przy niedoczynności tarczycy sprowadza myśli, w których pojawia się nie zawsze uświadomione zagrożenie spowodowane zbyt szybko płynącym czasem i głębokie pragnienie spowolnienia go. Podam przykład.

Pewna kobieta chce zajść w ciążę i z jakichś powodów czuje, że musi nastąpić to przed konkretną datą, jej konkretnymi urodzinami. Czas biegnie, a ona co miesiąc pełna mieszanki strachu, nadziei, pragnień, marzeń i niepewności wykonuje test ciążowy. Kolejny wynik negatywny tylko zwiększa jej napięcie: urodziny się przybliżają nieubłaganie, a ona bardzo chciałaby spowolnić czas, by mieć go więcej na zajście w ciążę.

Inna osoba, z kolei, otrzymuje diagnozę wymagającą natychmiastowego leczenia. Chce skorzystać z różnych oferowanych przez medycynę konwencjonalną i naturalną metod, pojechać do wielu różnych specjalistów, spróbować wszystkiego, skorzystać z wielu możliwości. Ale choroba postępuje, czas biegnie, ucieka, a tak bardzo chciałaby go spowolnić, by uzyskać go więcej, móc zrobić więcej i uratować zdrowie i życie. Ten płynący czas jest w myślach skorelowany z zagrożeniem.

Nadczynność tarczycy może się natomiast pojawić, gdy odczuwasz potrzebę przyspieszenia. O ile w przypadku niedoczynności człowiek chce spowolnić czas, bo biegnie on za szybko, to przy nadczynności człowiek chce przyspieszyć i działać szybko, coraz szybciej, wpisując się w szybki upływ czasu, gna tak, żeby wyprzedzić czas, bo jedynie robiąc szybko, może rozwiązać dany problem. „Muszę szybko. Trzeba się spieszyć. To mi ucieknie, jeśli nie będę prędko działać.

Jestem za wolny/a, muszę się pospieszyć" – aż wytwarzam więcej tyroksyny i wole się powiększa.

Każdy z nas może dojść do wniosku, że cały ten pośpiech nie ma sensu, gdy tarczyca powie „Stop, nie chcę tak". Dlatego też nadczynność może się pojawić, kiedy chcę przyspieszyć wykonanie jakiegoś zadania. Co da nam ciągły pośpiech, kiedy ciało powie „stop", kiedy rozchwiany organ tarczycy po prostu przestanie współpracować z braku komunikacji, z braku wsłuchiwania się w jego potrzeby, z tego ciągłego pośpiechu lub z tego ciągłego poczucia, że czas za szybko biegnie i trzeba go spowolnić?

Funkcjonowanie tarczycy zaburzone jest również przez brak poczucia bezpieczeństwa. Włącz audycję radiową, telewizyjną albo portal informacyjny w Internecie i wypisz tematy, które są poruszane, a obok nich zaznacz, na ile burzą Twoje poczucie bezpieczeństwa w skali od jednego do dziesięciu. 1 – trochę zaburzają, 10 – całkiem niszczą. Skala zaburzenia poczucia bezpieczeństwa jest bardzo subiektywna. Każdy z nas na skutek zgromadzonych doświadczeń, posiadanej konstrukcji psychicznej, miejsca, w jakim się znajduje, ma różną wrażliwość na przekazywane informacje.

Zobacz, jak kilka minut z serwisem informacyjnym potrafi wpłynąć na Twoje poczucie bezpieczeństwa, na ile je obniża. Zrób skalę, zmierz i zobacz. Czy myślisz, że ciągłe śledzenie wydarzeń pozostaje bez wpływu na Twoje samopoczucie?

Kiedy kilka lat temu zaczęłam pracować nad sobą i swoim spokojem umysłu, z czasem każdy dzień stał się cudowny, przyjemny i lekki, a ja i tak niekiedy potrzebowałam wejść na jakiś portal informacyjny albo włączyć stację telewizyjną lub radiową, właśnie wtedy, kiedy były podawane informacje. To było jak zażycie trucizny, której kiedyś używałam regularnie, od której byłam wręcz uzależniona, stanowiła „smak" mojego ówczesnego życia. Czułam się, jakbym była na odwyku i to były takie momenty słabości. Z czasem coraz rzadsze, dzisiaj zupełnie mi niepotrzebne, co nie przeszkadza mi być na bieżąco z tym, co się dzieje na świecie, oczywiście. Od tego nie sposób uciec, bo najważniejsze informacje do Ciebie i tak dotrą, za to Twoja tarczyca bardzo Ci podziękuje za budowanie w niej poczucia bezpieczeństwa, spokoju, tego, że, dobry i mądry człowieku, masz czas i jesteś bezpieczny.

Reasumując: to, co nie służy naszej tarczycy, to poczucie i myśli, że trzeba wszystko robić bardzo szybko, że jest mnóstwo rzeczy do zrobienia i nie jest się w stanie im podołać. Bycie powolnym może uratować życie zwłaszcza w takich przypadkach, kiedy dowiadujemy się o diagnozach, w których komuś zostało niewiele czasu i rozpoczyna się wyścig z czasem. Tutaj powtarzanie sobie, że wszystko jest w porządku („Akceptuję – odpuszczam") i mam czas, wpływa na większą efektywność działań. Czas jest bardzo ważną wartością we współczesnym świecie, w którym wiele osób żyje w niedoczasie i w ciągłym pośpiechu.

MYŚLI, KTÓRE WSPIERAJĄ **TARCZYCĘ**

MAM CZAS

Coraz więcej osób zgłasza się do lekarzy diagnozujących różne zaburzenia pracy tarczycy. Co może sprawić, że ten organ zaczyna szwankować? W wielkim uproszczeniu – czas, na który chcemy wpłynąć i który nie płynie tak, jakbyśmy chcieli. Dlatego zawieszenie zdania „Mam czas" w widocznym miejscu w domu, umieszczenie go na tapecie komórki, na pulpicie komputera, w torebce oddziałuje na nas i wyrównuje poczucie czasu biegnącego zbyt wolno albo zbyt szybko. „Mam czas" – to takie proste. „Mam czas. Mam dużo czasu. Każdego dnia, minuta po minucie mam coraz więcej czasu" i napięcie opada.

ORGANIZACJA DOBY I ŻYCIA

Zatem jak przeorganizować dobę, by zyskać w niej więcej czasu? Proponuję proste ćwiczenia, proste rozwiązania, być może już je znasz i stosujesz, dobry i mądry człowieku.

Najprostszym sposobem na wydłużenie doby jest wyeliminowanie z niej konkretnych zadań. Wydaje się to proste, natomiast gdyby faktycznie tak było, wszyscy by to robili i każdy wydłużałby swoją dobę w „nieskończoność".

Pracoholizm, ciągłe bycie zajętym, wynajdywanie sobie mnóstwa zadań, ambicja wykazywania się (również nadmiernego) mogą być związane z zatrzymanymi myślami odnoszącymi się do relacji z ojcem: „Tato, czy jesteś ze mnie dumny? Tato popatrz i zaakceptuj mnie. Tato zobacz, dobrze robię? Cieszysz się? Jestem Twoim dzieckiem, tato, popatrz i powiedz, czy jesteś ze mnie dumny?". Warto wrócić do tzw. „ćwiczeń na tatę" z *Zaakceptuj siebie*, a także sięgnąć po kurs uzupełniający treść książki (więcej informacji na naszej stronie internetowej www.planetasoni.pl).

Jeśli czujesz, że na poziomie podświadomym możesz utożsamić się z którąś z tych myśli, to ćwiczenie eliminowania jakiejś czynności poprzedź ćwiczeniami i pracą z tatą. Oczywiście w sercu i umyśle – są to ćwiczenia do wykonania w wyobraźni. Wszystkie ćwiczenia zaproponowane w serii *Osobistych książek z ćwiczeniami* są ćwiczeniami mentalnymi, nie wymagają spotykania się i rozmowy z osobami, które „przerabiamy", robimy to w sercu i w głowie, z sobą samym/ą, to swoiste sprzątanie we własnym wnętrzu. Jedno z ćwiczeń nazwałam framugą i służy ono mentalnemu udrożnieniu przepływu energii płynącej od ojca.

ĆWICZENIE – FRAMUGA – WSPARCIE OJCA

Oprzyj się o framugę drzwi lub ścianę, zamknij oczy i wyobraź sobie, że opierasz się o tatę, że to Twój biologiczny ojciec jest dla Ciebie podporą, że jest z Ciebie dumny, że Cię akceptuje i wspiera we wszystkim, co robisz. W tym, dobry i mądry człowieku, jakim jesteś, tato Cię wspiera. Oprzyj się, zamknij oczy – możesz sobie to nawet teraz wyobrazić, jak opierasz się o tatę i on Cię wspiera. Wyobraź sobie, że za Twoim ojcem staje jego ojciec i kolejne pokolenia mężczyzn. Oprzyj się i oddychaj. Powtarzaj ćwiczenie aż do momentu, gdy spokojnie i z ulgą oprzesz się o framugę.

PIERWSZA LEKTURA
DATA: . . . .

ODCZUCIA, MYŚLI I REFLEKSJE:

. . . .

. . . .

. . . .

. . . .

. . . .

DRUGA LEKTURA
DATA: . . . .

ODCZUCIA, MYŚLI I REFLEKSJE:

. . . .

. . . .

. . . .

. . . .

. . . .

. . . .

TRZECIA LEKTURA
DATA: . . . .

ODCZUCIA, MYŚLI I REFLEKSJE:

. . . .

. . . .

. . . .

. . . .

. . . .

Poćwicz z tatą, jeżeli nie potrafisz wyeliminować jakichś zadań z Twojego grafiku. Zrób spis codziennych zadań i coś wykreśl – rób rzadziej albo całkowicie zrezygnuj z robienia tego; albo poproś lub wynajmij kogoś, żeby robił to za Ciebie, zleć komuś to zadanie. Żeby mieć więcej czasu, potrzebujemy wyrzucić z naszej doby konkretne czynności. Bez wykreślenia czegokolwiek nic się nie zmieni, bo nie uzyskasz więcej przestrzeni czasowej. To ćwiczenie jest przeznaczone do powtarzania co jakiś czas.

Obecnie wykonuję to ćwiczenie w drugą stronę – wypisuję na kartce tylko te zadania, które robię i bardzo je ograniczam, a kiedy jest dużo drobiazgów, grupuję je w bloki i to jest drugie ćwiczenie na reorganizację doby. Kiedy zadania są drobne i małe, wykonujemy je od razu. Kiedy pojawiają się w ciągu tygodnia, zbieramy je i o określonej porze zajmujemy się nimi wszystkimi. Odebranie jednego telefonu i niedługa rozmowa telefoniczna zabiera nam pół godziny, bo wybija nas z rytmu pracy, ze skupienia. Jedno małe zadanie zaniesienia czegoś gdzieś komuś zabiera czas poświęcony na to zadanie oraz czas przed i po. Zabiera marginesy. Gdzie ten czas uciekł? No właśnie na marginesach, ponieważ przed wykonaniem zadania i po jego wykonaniu nie jesteśmy aktywni.

Świadomość tego procesu uchroniła mnie przed przyjęciem zlecenia telefonicznych tłumaczeń ustnych. Kiedyś, kiedy pracowałam jeszcze jako tłumacz przysięgły, zadzwoniła do mnie firma z ciekawym pomysłem biznesowym. Praca polegała na tym, że we wskazanych godzinach i dniach tłumacz zobowiązywał się do bycia pod telefonem. W tym czasie mógł zajmować się innymi rzeczami: wykonywać tłumaczenia pisemne, gotować obiad, sprzątać dom, być na spacerze, ale z włączonym telefonem i w pełnej gotowości. Kiedy telefon dzwonił albo kiedy mówiono, że będzie dzwonił, bo na przykład klient ma wizytę w urzędzie na dwunastą, tłumacz odbierał telefon, pomagał klientowi i po zakończonym tłumaczeniu rozłączał się. Mogłoby to trwać 5 minut, 15 minut, 50 minut – w zależności od sprawy i od sytuacji. Wszystko byłoby dobrze, gdyby nie sposób rozliczania takich tłumaczeń. Otóż firma, która wymyśliła tę, bardzo przecież potrzebną, usługę, chciała rozliczać się z tłumaczami na minuty, na każdą efektywnie przepracowaną minutę w roli tłumacza. Jeśli telefon zadzwonił i klient potrzebował na przykład dosłownie 3 minutowej pomocy, bo nie potrafił dogadać się z taksówkarzem (tak, można nie móc dogadać się z taksówkarzem – miałam tak w Chinach, w Pekinie, gdzie taksówkarze porozumiewali się tylko po mandaryńsku), to wynagrodzenie dotyczyłoby tylko tych 3 minut. Tymczasem tłumacz został wyłączony z innych zajęć na minimum 15 minut do pół godziny. Kiedy wiemy, że ktoś zadzwoni o dwunastej, to o 11:50 nie będziemy już siadać do żadnych kreatywnych zadań. Można sobie coś poklikać, coś poukładać, ale ten czas jest już *de facto* przeznaczony na rozmowę z klientem. Po 5 minutach tej rozmowy nie usiądziemy też od razu do innych zajęć, potrzebujemy uspokoić głowę i naprowadzić ją znowu na te tory, na jakich była wcześniej.

Na taką formę rozliczenia można się zgodzić albo kiedy jest się w potrzebie, albo nie jest się świadomym, jak funkcjonuje czas, a my w nim. Układanie zadań w bloki doskonale pokazuje, że takie drobniutkie, malutkie wrzutki dezorganizują nam pracę, dzień, tydzień, miesiąc.

Innym elementem przedefiniowania doby jest dzielenie czasu na dni aktywne, dni planowania, tak zwane dni buforowe i dni totalnego odpoczynku, tak zwane *days-off*, kiedy jesteśmy wyłączeni, ale tak naprawdę. To może być jeden dzień w miesiącu, ale niech to będą 24 godziny, kiedy jesteśmy całkowicie odcięci od zadań związanych z pracą, ze sferą zawodową naszego życia.

Jak układa się te dni?

Są dni skupienia – dni pracy, kiedy naprawdę jesteśmy zaangażowani. Mogą być też takie pory dnia.

Później mamy dni albo pory dnia buforowe, czyli nie planujemy sobie 100% czasu. Potrzebujemy przynajmniej 40% niezaplanowanego marginesu na nieprzewidziane czynności, ale też na to, żeby zaplanować pozostałe dni i zajęcia, żeby sobie wszystko poukładać. Tutaj stosujemy zasadę „mniej znaczy więcej". Kiedy kładziesz się spać, a w głowie kłębią się nieskończone zadania i zawieszone wątki, jakość snu, a więc odpoczynku, spada. Dlatego potrzebne są czasem całe dni buforowe, by przeanalizować nasze plany i lepiej się zorganizować. Nawet jeżeli naszą naturą jest spontaniczność, buforowe dni pozwolą nam nad nią zapanować, nie płacić za nią zdrowiem i dać się jej wykazać w czasie dni wolnych.

Bardzo ważne są te *days-off*, czyli dni wolne, kiedy nie ma miejsca na nic, ani na jeden malutki wpis, przegląd, mail, sms, tweet – nic. To jest dzień *off*, czyli wyłączenia. To czas pięknie ładujący baterie, przywracający równowagę całemu ciału, bez biegania z komórką przy uchu, odbierania, wysyłania maili, nic. Dzień wykreślony z zawodowego kalendarza. Możesz go spędzić jak chcesz, choćby na odsypianiu, byle głowa, myśli, bylebyś cały Ty, dobry i mądry człowieku, był daleko od spraw zawodowych.

Nic nie szkodzi, jeżeli nie uda się to już pierwszego takiego całkowicie wolnego dnia. Ważne, żeby wiedzieć, że taki dzień niesamowicie regeneruje i pozwala pracować efektywniej, lepiej, radośniej. Chroni też przed wypaleniem zawodowym, bo ten ogień się pali i pali, ale bez dbania o niego może się wypalić. A przecież tego nie chce ani pracownik, ani pracodawca – czyli interesy wszystkich stron są tutaj pogodzone. Potrzebne są więc dni na wyczyszczenie paleniska, przyniesienie suchego opału, przygotowanie do rozpalenia.

Kiedy jest wiele dni pracy, jesteśmy bardzo skoncentrowani i nie jest lekko, zakładamy, że – powiedzmy – 16 sierpnia jedziemy na urlop. Nasze ciało, nasz umysł, nasza dusza, wszyscy troje, jak minutniki nastawiają się na ten dzień. Co się wtedy dzieje? Jesteśmy zmęczeni, obowiązków jest coraz więcej, a wszystko ma być zakończone przed szesnastym, kiedy idziemy na urlop – wtedy zacznie się odpoczynek i luz. Tylko czy ta żyłka nie zostaje napięta za bardzo? Dlatego tak często wypadki i choroby zdarzają się tuż po rozpoczęciu urlopu. Presja, stres, nagromadzenie obowiązków i zadań tuż przed wolnym czasem staje się po prostu zbyt duże i naciągnięta za mocno żyłka w końcu pęka.

Jednym ze sposobów na uniknięcie takich sytuacji, czyli tych wszystkich psujących nam urlopy wypadków, kontuzji, chorób i problemów, jest zaplanowanie wyjazdu 2 dni po rozpoczęciu wolnego. Może i wyjazd staje się krótszy, ale jest o wiele bezpieczniejszy, spokojniejszy, jest czas na to „ufff" – przełączenie się z bardzo intensywnego czasu pracy na odpoczynek i wyjazd. Łagodne przejście chroni nas przed wybuchami energii skumulowanej w ciele, manifestującymi się w świecie zewnętrznym chorobami, kontuzjami czy wypadkami wszelkiego typu.

Jeśli nie zawsze mamy możliwość płynnego i spokojnego wejścia w wakacyjny wyjazd, ważne jest to, co mówimy sobie, kiedy się uczymy, kiedy pracujemy, kiedy mamy aktywne dni. Czy powtarzamy „Ja to chyba do tego wolnego nie dociągnę, nie dożyję, zaraz mnie coś trafi, po prostu już nie mogę wytrzymać, zwariuję tu zaraz, no przecież można oszaleć"? W ten sposób dodatkowo potęgujemy presję. Nawet z pozoru niewinne „Jaki jestem zmęczony/a" dobrze jest zamienić na „O tak, potrzebuję odpoczynku, jak cieszę się, że sobie już wkrótce odpocznę i naładuję baterie". Ta niewielka zmiana wprowadza wielką różnicę w naszym ciele, inaczej podchodzimy do zadań, do obowiązków i własnych odczuć.

W miarę możliwości stosuj łagodne przejścia z dni bardzo aktywnych, przez buforowe, do dni całkowicie wolnych od obowiązków zawodowych z taką częstotliwością, na jaką w danym momencie swojego życia możesz sobie pozwolić. Warto, dla własnego zdrowia.

Pamiętaj: masz czas. Daj sobie, proszę, 5 minut każdego poranka ze *Spokojnym Planerem*. Taki poranek pełen spokoju i oddechu potrafi odmienić cały dzień.

CZUJĘ SIĘ BEZPIECZNIE

Tarczyca jest tarczą, która chroni, kiedy czujesz zagrożenie. Jeśli chcesz, aby ten Twój gruczoł wrócił do równowagi albo aby jej nie utracił, możesz wspomóc się, wieszając napis: „Jestem bezpieczny/a, czuję się bezpieczny/a, czuję się bezpieczny/a i jestem bezpieczny/a" i zrezygnuj z wdzięcznością i miłością z tego wszystkiego, co zabiera Ci to poczucie bezpieczeństwa. W pierwszej kolejności z portali informacyjnych.

Przepisz kilkukrotnie poniższe zdanie. Możesz je też zapisać na osobnej kartce i wywiesić w widocznym miejscu.

PIERWSZA LEKTURA
DATA: . . . .

MAM NA WSZYSTKO CZAS I CZUJĘ SIĘ BEZPIECZNIE:

. . . .

. . . .

. . . .

. . . .

DRUGA LEKTURA
DATA: . . . .

MAM NA WSZYSTKO CZAS I CZUJĘ SIĘ BEZPIECZNIE:

. . . .

. . . .

. . . .

. . . .

. . . .

TRZECIA LEKTURA
DATA: . . . .

MAM NA WSZYSTKO CZAS I CZUJĘ SIĘ BEZPIECZNIE:

. . . .

. . . .

. . . .

. . . .

XIII

MYŚLI A NERKI

WPROWADZENIE

Toksyny, o których tyle się mówi, obecne w powietrzu i w pożywieniu, nie są jedynymi substancjami, z jakich nerki oczyszczają organizm. Jak pisze dr Sinielnikow: „nerki symbolizują zdolność uwalniania się od tego, co zatruwa nasze życie" (2008:186). „Truć" mogą nam bliscy, rodzice, dzieci, cały czas mówiąc coś, czego nie możemy słuchać, coś, co jest obciążające nas, coś, na co mamy ochotę zareagować, mówiąc: „Przestań mi truć". Osłabienie nerek, jakieś mniejsze lub większe nieprawidłowości w ich funkcjonowaniu łatwo rozpoznajemy po cieniach pod oczami. Generalnie oczy i okolice oczu odpowiadają nerkom i ich najbliższej okolicy.

Nerki dawały mi się we znaki, kiedy pisałam doktorat. Nie widziałam wówczas swojego miejsca w ówczesnym zakładzie prowadzonym przez profesora, który był moim promotorem. Nie bardzo potrafiłam odnaleźć własną grządkę, zaznaczyć moje terytorium, robić coś w dokładnie w taki sposób, jak wtedy chciałam. Pewnie zwyczajnie nie byłam na to gotowa, jednak myśli, które wtedy kłębiły mi się w głowie to poczucie, że życie jest ciężkie, niesatysfakcjonujące, że nie chcę tak dalej. Nerki wiążą się też z dynamiką przodków, a jak pokazuje doświadczenie życiowe, nasi przełożeni to swego rodzaju lustro albo biologicznej matki, albo biologicznego ojca i bez wątpienia mój przełożony na uniwersytecie przypominał mi mojego tatę: dokładny, staranny, oszczędny w słowach, niezwykle profesjonalny, nie zawsze aprobujący moje szalone pomysły. Wiedziałam, że ćwicząc akceptację odnajdę siłę, by odejść z uniwersytetu. Tym samym potrzebowałam przestać zatruwać siebie samą toksycznymi myślami.

MYŚLI, KTÓRE NIE SŁUŻĄ **NERKOM**

Nerki nie czują się dobrze, jeśli dominuje poczucie bycia pechowcem i poczucie bycia osobą, która wszystko robi źle, czuje się krytykowaną, potępianą, na którą ktoś się złości, do której żywi urazę czy nienawiść. Nosi się wtedy w sobie koktajl krytyki, potępienia, gniewu, resentymentu w połączeniu z silnym rozczarowaniem i poczuciem porażki. Z racji lokalizacji nerek, czyli w górnej części odcinka lędźwiowego kręgosłupa, wpływa na nie też niepokój o stan materialny, przygnębienie, niechęć do życia, obawa przed przyszłością, strach przed tym, co przyniesie życie. Oddychaj spokojnie, czytając te słowa. Nerki, jak i cały organizm nie lubią stresu i są odpowiedzialne za uwalnianie od tego, co może zatruć, czyli od oczyszczania organizmu z toksyn i bezpośrednie ich wydalanie. Tymi toksynami emocjonalnymi możemy zasypać nerki i zaburzyć ich pracę. W problemach z nerkami ujawnia się niechęć do życia w tym świecie, jakby podświadomy program samozniszczenia mogący być efektem jakiejś traumy, dziecięcego pragnienia odejścia w zaświaty wraz z kimś bliskim. To może być też program matki, która będąc z nami w ciąży, odczuwała jednocześnie niechęć do posiadania dziecka, miała myśli życzące mu śmierci. To są podświadome programy przekazywane dziecku, programy samozniszczenia. Oczywiście nie ma tutaj winnych, rzeczy są, jakie są, ludzie są, jacy są. Nerkom nie służy uraza, odczuwanie nienawiści, chęć zabicia kogoś. Także poczucie żalu, że zmarnowało się życie, przekonanie, że jest ono ciężkie i beznadziejne, że nie ma w nim niczego dobrego. Nerki też obciąża trwanie w lęku i strachu, obawa, że coś złego się wydarzy, że coś lub ktoś nam zagraża bezpośrednio jako osoba lub naszemu zdrowiu jako spodziewana choroba. Szkodzić będzie także poczucie niemożności oznaczania swojego terytorium fizycznie lub intelektualnie. Poczucie, że ktoś zawłaszcza to, co moje, więc nie mogę czuć się jak u siebie – coś co jest moje, zostaje mi zabierane. Kamienie nerkowe to już są zmaterializowane myśli i uczucia, zaś kolka nerkowa to efekt rozdrażnienia, niecierpliwości i niezadowolenia, które osiągnęły swój szczyt.

Pokochaj siebie bez względu na to, co dzieje się wokół. Czy coś zostało Ci zabrane, czy ktoś chciał cię oszukać, czy miałeś poczucie straty i konieczności walki o przetrwanie, dobry i mądry człowieku? Oddychaj powoli. Być może znasz poczucie wykorzenienia, pozbawienia połączenia, naruszenia Twoich granic – czy to w przenośni, czy faktycznie, fizycznie. Może ktoś nagle przeprowadza się bardzo blisko Ciebie albo wręcz do Twojego domu, do Twojego mieszkania i wkracza na Twoje terytorium?

MYŚLI, KTÓRE WSPIERAJĄ **NERKI**

Pokochanie siebie chroni nerki, dlatego że w tej miłości do siebie, takiej czystej, potrafimy pocieszyć i wesprzeć siebie samych jak przyjaciela. Nawet jeśli dzieje się coś, przez co tracimy reputację, ktoś nas szkaluje, pozbawia twarzy, my w tej miłości do siebie potrafimy się pocieszyć. Potrafimy powiedzieć sobie to, co w takiej sytuacji powiedzielibyśmy naszemu najlepszemu przyjacielowi: „Nie martw się, będą gadać, a za chwilę przestaną. Dla mnie jesteś ważny i fantastyczny. Nie przejmuj się tym, wszystko minie. Jestem tu przy Tobie".

Co powiedziałbyś, dobry i mądry człowieku, swojemu przyjacielowi, człowiekowi, którego kochasz, kiedy miałby poczucie, że zmarnował wiele lat życia? Powiedziałbyś mu, że zebrał doświadczenie, że szkoda żałować, bo to już niczego nie zmieni, że teraz może o tym opowiedzieć, może podzielić się tą nauką z innymi, że to wydarzenie ma pewnie jakiś ukryty sens, który może kiedyś się objawi. Tak właśnie z miłością mów do siebie. Oddychaj.

ĆWICZENIE

Wybierz zagadnienie, na którym się skupisz. Masz do wyboru myśli, że życie jest zbyt ciężkie, zbyt długie i trudne, albo takie, że masz już tego wszystkiego dość i dalej nie dasz rady, że co to za życie, albo że nie szanuje się Twojego terytorium, Twoich granic, kompetencji, stanowiska, przydzielonych zadań, decyzji i wyborów. Które z tych myśli Ci towarzyszą? Które rezonują z Tobą? Napisz teraz o nich. To czuje Twój przyjaciel – to czujesz Ty.

A teraz napisz kilka pocieszających zdań tak, jakbyś zwracał/a się do przyjaciela, żeby zmienił perspektywę, bo to mu nie służy, szkodzi jego zdrowiu, podczas gdy miłością do siebie można fantastycznie się ochronić i pomóc wrócić do równowagi.

To ćwiczenie uczy nas pocieszania siebie samego/ą, bycia wsparciem dla siebie, dzięki czemu potrafimy lepiej pomagać innym, bo wsłuchujemy się w to, co mówią i kierujemy się miłością.

PIERWSZA LEKTURA
DATA: . . . .

ODCZUCIA, MYŚLI I REFLEKSJE:

. . . .

. . . .

. . . .

. . . .

. . . .

. . . .

DRUGA LEKTURA
DATA: . . . .

ODCZUCIA, MYŚLI I REFLEKSJE:

. . . .

. . . .

. . . .

. . . .

. . . .

TRZECIA LEKTURA
DATA: . . . .

ODCZUCIA, MYŚLI I REFLEKSJE:

. . . .

. . . .

. . . .

. . . .

. . . .

. . . .

ĆWICZENIE

Kolejne ćwiczenie porusza wyobraźnię i wzmacnia nerki dzięki poczuciu posiadania gruntu pod nogami, własnego terytorium. Pozwala ono też wyeliminować uczucie pustki. Jeśli pogoda sprzyja można wyjść i stanąć boso na zewnątrz, wprowadzając wyobraźnię w działanie.

Stań boso albo wyobraź sobie, że stoisz boso na ziemi. Poczuj grunt pod nogami i wiedz, że zawsze masz grunt pod nogami. Może nie bezpośrednio - mogą oddzielać Cię od niego kondygnacje budynku - ale zawsze tam jest. Wyobraź sobie teraz, że stoisz boso na ziemi, czujesz podłoże pod stopami i masz grunt pod stopami tak długo, jak jesteś tutaj na naszej planecie.

Powiedz to Twojemu umysłowi, któremu czasem wydaje się, że stracił grunt, że pochłania go pustka, że nic nie ma sensu. Wysłuchaj go, a później przypomnij mu łagodnie: „Umyśle kochany, zobacz, stoimy na ziemi, nasze ciało, moje i Twoje, opiera się na gruncie. Mamy nasze terytorium". Nie mówimy teraz o prawach własności i aktach notarialnych, tylko o kawałku podłoża pod Twoimi stopami.

Ciałem na nim pozostań, a Twój umysł niech unosi się powoli do góry, jakby był dronem. Widać

Ciebie na dole, Twoje ciało, jak stoi na ziemi, zaś Twój umysł się oddala i nabiera coraz szerszej perspektywy. Twoje ciało, dobry i mądry człowieku, jest coraz mniejsze, a perspektywa staje się coraz szersza. Czujesz to? To jest Twój dom bez względu na to, w jakim miejscu na Ziemi jesteś. Twój umysł jak dron wznosi się coraz wyżej, aż do przestrzeni kosmicznej. Widać już tylko niebieski glob, Twojej sylwetki od dawna nie widać, ale Ty wiesz, że tam stoisz. Zobacz - masz grunt pod nogami, całą Ziemię, każdy kraj, każdy ląd. To jest Twoje terytorium, Twoje jako człowieka. Na tej planecie się urodziłeś i masz tu zawsze grunt pod nogami.

Gdyby Ci się wydawało, dobry i mądry człowieku, że usuwa Ci się on spod stóp, przypomnij sobie to ćwiczenie. Możesz wykonywać je regularnie, żeby poczuć swoje terytorium. Nikt nie jest w stanie Ci go zabrać. Wróć „dronem" teraz do siebie i niech umysł wskoczy na swoje miejsce, zadowolony, z poczuciem przynależności do tego miejsca.

PIERWSZA LEKTURA
DATA: . . . .

ODCZUCIA, MYŚLI I REFLEKSJE:

. . . .
. . . .
. . . .
. . . .
. . . .
. . . .

DRUGA LEKTURA
DATA: . . . .

ODCZUCIA, MYŚLI I REFLEKSJE:

. . . .
. . . .
. . . .
. . . .
. . . .

TRZECIA LEKTURA
DATA: . . . .

ODCZUCIA, MYŚLI I REFLEKSJE:

. . . .
. . . .
. . . .
. . . .
. . . .
. . . .

A teraz wyjaśnienie, dlaczego tak ważnym jest, aby w miłości do siebie być po prostu pewnym, że z samego faktu bycia Ziemianinem/Ziemianką jest się na swoim terenie: to odczucie nieświadomie przekazujemy naszym dzieciom. Rozmawiałam kiedyś z pewnym mężczyzną, gdy braliśmy udział w dwóch różnych projektach i nagraniach w dwóch różnych studiach. Spotkaliśmy się podczas przerwy na kawę i zaczęliśmy rozmawiać. Budował dom, średnio dogadywał się z rodzicami i wiele wskazywało na to, że jedno z jego dzieci moczy się w nocy, czyli znaczy terytorium. Z rozmowy o życiu tego mężczyzny wywnioskowałam, że nie osiadł jeszcze na swoim, że ma poczucie braku przynależności do swojego terytorium, że bywa niedoceniany i krytykowany przez żonę – a przynajmniej tak się czuł.

Kiedy w pewnym momencie stwierdziłam bez wahania, że jego dziecko zapewne ma albo będzie miało problemy z pęcherzem moczowym, jego oczy otwarły się bardzo szeroko ze zdumienia. Zobaczył tę zależność. Stopień naszej miłości do siebie wpływa na nasze dzieci: im bardziej siebie kochamy, tym pozytywniej wpływamy na zdrowie i samopoczucie naszych dzieci.

Co jeszcze wiąże się z terytorium? Jeśli kochasz siebie, nie musisz nikomu niczego udowadniać i nikt nie jest w stanie Cię zranić, bo jeśli coś Ci zarzuci, to Ty – człowiek uleczony miłością i kochający innych – nie poczujesz się dotknięty. Dajesz sobie i innym prawo do wyrażania emocji. Wiesz, że czasem nie rozumiesz własnych reakcji, tym bardziej więc nie oczekujesz, że zrozumiesz, dlaczego ktoś inny zachowuje się w dany sposób. Miłość do siebie połączona jest z akceptacją, wyrozumiałością i cierpliwością – to samo odczuwasz względem innych i podchodzisz ze zrozumieniem do nich i do ich poczynań. Ze spokojem i wybaczeniem podchodzisz do wszystkich, pamiętając, że życie jest drogą i nauką dla każdego. To sprawia, że Twoje terytorium jest chronione, bo króluje w nim miłość.

Nerki odczuwają też traumy rodzinne związane z wodą, płynami i płynnością: utonięcie, powódź, lawina, alkoholizm, brak płynności finansowej itp. To emocje strachu wywołane przez nie, a także poczucie zagrożenia na własnym terytorium, zderzenie z nagłą utratą własności, przynależności, bezpieczeństwa. To wrażenie, że wszystko leci w dół, wali się, zapada dosłownie albo w przenośni. W takich stanach przydatne są ćwiczenia odbudowujące i wzmacniające wewnętrzny spokój.

ĆWICZENIE – WPUSZCZANIE ŚWIATŁA DO CIAŁA

W tym ćwiczeniu wpuścimy światło do nerek. Usiądź wygodnie, weź spokojny oddech i wyobraź sobie, że z góry wpływa przez głowę do Twojego ciała jasne światło, jaśniutkie światło zdrowia, srebrzysto-złote, płynie do serca, skąd czerpie czystą miłość, po czym kieruje się do nerek i wpływa do każdej z nich, zasilając je jasnością, zdrowiem, spokojem i miłością.

Następnie wyraź intencję: „Światło, proszę płyń do moich nerek, rozświetlaj je i oczyszczaj przez najbliższe 3 godziny". Możesz powiedzieć 3 godziny, możesz powiedzieć 5 godzin. Kiedy będziesz coś robić, kiedy gdzieś pójdziesz, a przypomni Ci się to ćwiczenie, to zobaczysz jak tam cały czas światło ogrzewa, zasila i oczyszcza Twoje nerki. Podziękuj za to.

Za każdym razem, kiedy chodzi o relacje rodowe i historie rodzin, przychodzą mi na myśl ustawienia Berta Hellingera, na których byłam dwukrotnie u Izy Kopp-Pietrzak. Polecam literaturę, jeżeli nigdy nie interesowałeś/aś się tematem, jeżeli, dobry i mądry człowieku, jesteś tak jak ja przed laty (kiedyś bardzo przeciwna tej metodzie), to oczywiście masz do tego prawo i ja naprawdę to rozumiem.

XIV

MYŚLI A (NAD)WAGA

WPROWADZENIE

Ten mały podrozdział mógłby być tematem dla przepastnego dzieła, dlatego tu jedynie zasygnalizuję związki wagi (w tym przypadku nadwagi) z myślami, które usadowiły się, być może zablokowały się w ciele, krążą w nim i wpływają na jego wygląd. W książce *Bądź sobą. Wylecz swoje 5 ran* (Bourbeau, 2012) przedstawiono różne typy sylwetek w zależności od dominujących emocji wymagających uwolnienia. Na końcu autorka zawarła przepis na przywrócenie optymalnej sylwetki i tym uniwersalnym przepisem jest pokochanie siebie. Pokochanie siebie rozumiem też jako przyglądanie się sobie, obserwowanie pod kątem uwalniania traum i emocji, które utkwiły w ciele. Dlatego na kursie *Ciałko kochane*, należącym do *Ścieżki świadomości numer 3*, zajmujemy się głównie osiąganiem kolejnych poziomów akceptacji, miłości do siebie, odpuszczania sobie, podziękowaniem za ciężary, jakie przyjęło się od bliskich czy przodków. Nawiązanie kontaktu ze sobą, ze swoim wewnętrznym dzieckiem, z wdrukowanymi wewnętrznymi, podświadomymi programami wymaga praktyki i wprawy, dlatego też ten rozdział jest ostatnim w niniejszej książce i, choć dotyka zaledwie wierzchołka tematu dodatkowych kilogramów i związanych z nimi myśli, chciałam go zamieścić.

MYŚLI, KTÓRE NIE SŁUŻĄ CIAŁU

Myśli, które nie służą ciału to po pierwsze żal do matki, który przekłada się na żal do wielu innych kobiet, do życia, po drugie nieutulona krzywda, której – jak uważamy – doznaliśmy w procesie wychowania, w szczególności ze strony matki właśnie, rozgoryczenie, że proces ten nie wyglądał tak, jak wyglądać powinien. Ten nieutulony żal, rany i traumy przyjmują postać ochronnej warstwy tłuszczu, która ma zmniejszyć ból.

Poczucie bycia niezauważonym, niedocenionym, niewidzialnym prowadzi do myśli: „Muszę zrobić wszystko, żeby mnie dostrzegli, czuję się niezauważony/a, pomijany/a i potrzebuję być jak największy/a, żeby mnie w końcu dostrzegli, żeby o mnie nie zapominali, żeby mnie nie zgubili".

Kolejną przyczyną mogą być ciężary, które bierzemy na siebie, mówiąc „Będę nieść smutki i troski innych, ja je poniosę. Przejmę brzemię rodziców, wcześniejszych przodków, całego rodu". Ciężarem mogą być różne traumy na przykład niewypłakane poronienia i aborcje. Oddychaj: wdech „Akceptuję", wydech „Odpuszczam".

MYŚLI, KTÓRE WSPIERAJĄ CIAŁO

PRZEPROSINY

Przeproś różne części swojego ciała za wszystkie złe myśli i określenia wysyłane w jego stronę. Powiedz: „Ciałko moje kochane, bardzo Cię przepraszam. Wybacz mi, proszę, wszystkie obraźliwe słowa wysłane do Ciebie przeze mnie, pogardliwe myśli, brak zrozumienia i pretensje". Masuj swoje ciało z intencją przeprosin i pojednania: „Przepraszam Cię, ciałko, za to wszystko, co musiałeś wycierpieć". Wypłacz się, jeśli potrzebujesz. Możesz poczuć ciarki, może Ci się zacząć odbijać. Wyślij miłość do tych obszarów organizmu, które poczułeś/aś i podziękuj mu, że się tak pięknie z Tobą komunikuje i daje Ci znaki. Pozwól skumulowanej dotąd w nim energii opuścić go.

Tyle bólu Twój organizm doświadczył, tyle złośliwości, tyle uwag, tyle porównań. Przepraszaj go – nie masz innego, w tym wcieleniu masz właśnie taki! Poproś, żeby przyjął Twoje przeprosiny. Możesz powtarzać to ćwiczenie w skróconej wersji codziennie rano. Skrzyżuj dłonie, połóż je na piersi i powiedz: „Wybacz mi, ciałko, i wybacz wszystkim, wszystko. Wybacz, proszę Cię, brak akceptacji z mojej strony, ale też ze strony innych ludzi, którzy Cię krytykowali i nie akceptowali. Proszę o wybaczenie, niech jasność spłynie do mnie". I wyobraź sobie, że wybaczenie spływa od góry z przestworzy i rozświetla Cię od środka, poczynając od głowy. Rozluźnij się, zrelaksuj.

POCIERANIE I PRZYKŁADANIE

Kulaj miłość do własnego ciała. Pocieraj dłońmi z intencją wytworzenia energii, przykładaj je w różnych miejscach i wysyłaj w głąb dużo miłości. Można to ćwiczenie powtarzać kilkakrotnie w ciągu dnia. W ten sposób przypominasz swojemu ciału, że je kochasz.

Ono chce być zdrowe i chce z Tobą współpracować. Porozumiewa się z Tobą poprzez różne sygnały, jak na przykład uczucie sytości w trakcie posiłku. Przed jedzeniem możesz je pytać, czy jest głodne i co by zjadło. Ciągle bądź z nim w kontakcie. Pamiętaj przy tym, że jest to proces, a jego powodzenie zależy od tego, ile masz w sobie wypracowanej akceptacji i miłości do siebie. Powtarzaj powyższe ćwiczenia tak długo, aż dojdziesz do stanu, kiedy będziesz jeść tyle, ile trzeba. Nie przedawkujesz miłości wysłanej do swojego organizmu. Im lepszy masz humor, tym więcej miłości ładuj, żeby zrobić zapas. Jak przytrafi Ci się gorszy czas, będziesz miał/a zasoby, żeby się podnieść. To jest tak jak z małym dzieckiem, które – kiedy ma zły humor, jest mu ciężko, smutno – nie współpracuje i domaga się uwagi.

Ukochiwanie swojego ciała i nawiązanie z nim relacji jest po to, żeby zaczęło mówić, czego mu potrzeba, dlaczego się gdzieś odbudowuje albo dlaczego gdzieś nie chce się odbudować. I dopiero po tym etapie, kiedy się wsłuchamy i zastosujemy do tego, co ciało nam mówi, następuje wyrównanie/optymalizacja wagi. Przeprośmy więc i bądźmy dobrzy dla siebie i dla swojego ciała.

HISTORIA DOMINIKI, Z KTÓRĄ WYWIAD MOŻNA OBEJRZEĆ NA KANALE YOUTUBE: PLANETA SONI[2]

Od 14 roku życia walczyłam z dodatkowymi kilogramami przeróżnymi dietami – wtedy to nazywałam walką – teraz już wiem, że nie powinno się walczyć ze swoim ciałem. Co prawda wszystkie te „diety cud" działały u mnie, jednak tylko na jakiś czas i potem miałam podwójny efekt jojo. Każda moja dieta to była walka z niejedzeniem słodyczy, na które stale miałam ochotę. To było strasznie męczące. Tu przyszedł jakiś stresik, tu jakiś dołek, cokolwiek, a ja wpadałam w manię jedzenia. Jadłam więc, potem płakałam, że zjadłam, więc jeszcze więcej jadłam i tak w kółko.

Aż na jednych warsztatach na Planecie Soni usłyszałam jedno ważne zdanie: „Czyj ciężar niesiesz?". I nagle dotarło do mnie, że to jest powiązane z moją babcią, że to jej ciężar niosę. Moja babcia zaszczepiła mi dużo ciężkich rodowych historii z drugiej wojny światowej. Miała bardzo trudne życie jako nastolatka,

[2] Jak schudnąć BEZ wysiłku? | Dominika Karbowniczek

jej tato zginął w Auschwitz, potem z mężem też się nie układało. I ja to wszystko chłonęłam z jej opowieści. Oczywiście babcia nie jest tutaj winna – ona uwielbiała opowiadać, a ja słuchać. Dopiero po tych warsztatach zdałam sobie jednak sprawę, jak mnie to emocjonalnie obciążyło, że siedzi to we mnie. Kiedy puściłam ciężary babci, okazało się, że nie musi być tak trudno, nie musi być pod górkę. Oprócz tego z kursu *Ciałko kochane* dowiedziałam się, jak pracować z ciałem, żeby ono chciało współpracować ze mną. Potrzebowałam przeprosić je za to, że je krytykowałam, zdałam sobie sprawę, jak wielką wykonuje dla mnie robotę, nauczyłam się dziękować za mój organizm taki, jaki jest. A jest mój, jedyny, i nie wymienię go sobie od tak. Od czasu, kiedy nawiązałam komunikację z ciałem, nie mam już ochoty na podjadanie. I pozytywny efekt uboczny jest taki, że schudłam już łącznie 4 kilo, podczas gdy normalnie żeby tyle zrzucić, musiałabym przestrzegać restrykcyjnej diety i męczyć się z niemijającą ochotą na słodycze. Dzięki komunikacji z ciałem już wiem, co to znaczy jeść tylko wtedy, kiedy potrzebuję i zatrzymać się w momencie, gdy organizmowi już wystarczy.

ĆWICZENIE

Przepisz lub powiedz na głos zdanie, myśląc o konkretnym przodku:

„Ja, ..., decyduję, że Ci to wszystko oddaję. Dziękuję za doświadczenie, jakie mi dałeś/aś, ale już nie będę go nieść, już go nie potrzebuję". Przy czym nie martw się, dobry i mądry człowieku, że obciążysz dodatkowo Twojego przodka. W tym ćwiczeniu chodzi o zdjęcie ciężaru z Ciebie i oddanie go osobie, od której go przejąłeś, a która i tak go już niesie. Dla tej osoby nic nie zmieni – chodzi o to, abyś Ty poczuł ulgę.

PIERWSZA LEKTURA
DATA: . . . .

„JA, ... , DECYDUJĘ, ŻE CI TO WSZYSTKO ODDAJĘ. DZIĘKUJĘ ZA DOŚWIADCZENIE, JAKIE MI DAŁEŚ/AŚ, ALE JUŻ NIE BĘDĘ GO NIEŚĆ, JUŻ GO NIE POTRZEBUJĘ".

. . . .

. . . .

. . . .

. . . .

. . . .

. . . .

. . . .

. . . .

. . . .

DRUGA LEKTURA
DATA: . . . .

„JA, ... , DECYDUJĘ, ŻE CI TO WSZYSTKO ODDAJĘ. DZIĘKUJĘ ZA DOŚWIADCZENIE, JAKIE MI DAŁEŚ/AŚ, ALE JUŻ NIE BĘDĘ GO NIEŚĆ, JUŻ GO NIE POTRZEBUJĘ".

. . . .

. . . .

. . . .

. . . .

. . . .

. . . .

. . . .

. . . .

. . . .

TRZECIA LEKTURA
DATA: . . . .

„JA, ... , DECYDUJĘ, ŻE CI TO WSZYSTKO ODDAJĘ. DZIĘKUJĘ ZA DOŚWIADCZENIE, JAKIE MI DAŁEŚ/AŚ, ALE JUŻ NIE BĘDĘ GO NIEŚĆ, JUŻ GO NIE POTRZEBUJĘ".

. . . .

. . . .

. . . .

. . . .

. . . .

. . . .

. . . .

. . . .

. . . .

Obserwuj swój mądry organizm i słuchaj, co chce Ci powiedzieć. Dzięki komunikacji z ciałem zacznie Cię ciągnąć do jedzenia zdrowszych rzeczy i mniejszych porcji, odnajdziesz przyjemność w aktywności fizycznej. Kiedy jesz posiłek, to nie rób innych rzeczy, tylko skup się na jedzeniu. A jeśli się zdarzy, że zjesz zbyt dużo, to trudno, już się stało, więc nie karć się za to, proszę. Powiedz „Wybacz mi, ciałko, że nie rozumiem Cię jeszcze dość dobrze. Pewnie nie usłyszałam/em twojego komunikatu".

Jeżeli masz ochotę na słodycze, zapytaj organizmu dlaczego. Czy mama była dla Ciebie słodka? Czy czułeś/aś miłość mamy? Czy zaznałeś/aś słodyczy od niej? Jeżeli odpowiedź brzmi „nie", to zrób sobie sesję wybaczania skupioną na relacji z mamą. Pogadaj z ciałem i jeżeli nadal chce czegoś słodkiego, zjedz to, ale bez wyrzutów sumienia. Jak zjesz z radością, to wszystko się lepiej strawi.

Twoim celem jest dogadanie się z organizmem, a nie zrzucenie kilogramów – to przy okazji – więc daj mu i sobie na to czas. Każda część ciała coś Ci komunikuje. Z czasem nauczysz się ich słuchać i rozumieć potrzeby Twojego organizmu jeszcze lepiej.

ZAKOŃCZENIE

ZBIERZ DANE **NA WYJŚCIU**

Przyszedł czas na sprawdzenie efektywności ćwiczeń w tej książce. Mam nadzieję, że przypadł Ci do gustu audiobook, w którym wzbogacam treści książki i uzupełniam je medytacjami.

CIAŁO – JEGO STAN PO WYKONANIU ĆWICZEŃ

	I LEKTURA DATA:
ODCINEK SZYJNY KRĘGOSŁUPA	
ODCINEK PIERSIOWY KRĘGOSŁUPA	
ODCINEK LĘDŹWIOWY KRĘGOSŁUPA	
KOLANA	
JELITA	
ALERGIE/NIETOLERANCJE	
SERCE	
TARCZYCA	
NERKI	
WAGA	

CIAŁO – JEGO STAN PO WYKONANIU ĆWICZEŃ

	II LEKTURA DATA:
ODCINEK SZYJNY KRĘGOSŁUPA	
ODCINEK PIERSIOWY KRĘGOSŁUPA	
ODCINEK LĘDŹWIOWY KRĘGOSŁUPA	
KOLANA	
JELITA	
ALERGIE/NIETOLERANCJE	
SERCE	
TARCZYCA	
NERKI	
WAGA	

CIAŁO – JEGO STAN PO WYKONANIU ĆWICZEŃ

	III LEKTURA DATA:
ODCINEK SZYJNY KRĘGOSŁUPA	
ODCINEK PIERSIOWY KRĘGOSŁUPA	
ODCINEK LĘDŹWIOWY KRĘGOSŁUPA	
KOLANA	
JELITA	
ALERGIE/NIETOLERANCJE	
SERCE	
TARCZYCA	
NERKI	
WAGA	

Ta książka wszystko przekazuje już poprzez swój tytuł, w którym zawiera się wstęp, rozwinięcie i zakończenie. Pokazuje, dlaczego możemy być decydującym elementem w naszym życiu. Panując nad myślami i ucząc się, by pojawiały się i wypływały z nas tylko te budujące, unoszące, karmiące, sprawiamy, że nasze ciało, życie i relacje stają się zdrowe i szczęśliwe. Cała zabawa polega na tym, żeby zostać wspaniałą szefową/szefem swoich własnych myśli. Możesz zwrócić uwagę na wydanie tej książki, liczę, że będzie mi dane wielokrotnie ją dodrukowywać i za każdym razem wzbogacać i uzupełniać. Wiem, jak wiele osób na nią czekało i to dlatego zdecydowałam się ją w końcu oddać w ręce Czytelników, choć było to trudniejsze, niż myślałam. Mimo że związek myśli z ciałem jest dziś dla naukowców, lekarzy oraz wszystkich osób pracujących w obszarze zdrowia oczywisty, to dokładna ścieżka, dokładna konfiguracja myśli i powiązanie z konkretną dolegliwością lub zaburzeniem już takie nie jest ze względu na różnorodność i indywidualność każdego z nas. Dbajmy o nasze myśli, bo wtedy dbamy o nasze ciała, zdrowie, relacje, życie i szczęście w tym życiu. Kłaniam się nisko. Dziękuję.

OSOBISTY **SPIS TREŚCI**

Tu, proszę, wpisz te strony, do których chcesz wracać, które ominąłeś, które chcesz mieć w Twoim osobistym spisie treści.

STRONA	NOTATKI/UWAGI/SPOSTRZEŻENIA

STRONA	NOTATKI/UWAGI/SPOSTRZEŻENIA

STRONA	NOTATKI/UWAGI/SPOSTRZEŻENIA

BIBLIOGRAFIA

- Bourbeau L., *Bądź sobą. Wylecz swoje 5 ran*, tłum. Z. Piątkowska-Wolska 2012, Katowice: Kos.
- Brafman R., Brafman O., *Na zdrowy rozum. Dlaczego podejmujemy nieracjonalne decyzje*, tłum. M. Maruszkin, 2008, Warszawa: Kompania Mediowa.
- Damasio A., *Błąd Kartezjusza. Emocje, rozum i ludzki mózg*, tłum. M. Karpiński, 1999 Poznań: Rebis.
- Ekman P., *Emocje ujawnione: Odkryj, co ludzie chcą przed tobą zataić, i dowiedz się czegoś więcej o sobie*, tłum. W. Białas, 2012, Helion.
- Frijda N. H., *The laws of emotion*, 1988, American Psychologist, 43, 349–358.
- Gazzaniga M., *Kto tu rządzi – ja czy mój mózg? Neuronauka a istnienie wolnej woli*, tłum. A. Nowak-Młynikowska, 2013, Sopot: Smak Słowa.
- Halliday, Mark H., *A randomized controlled trial comparing the McKenzie method to motor control exercises*

in people with chronic low back pain and a directional preference, 514-522, 2016, Journal of Orthopaedic & Sports Physical Therapy, https://www.jospt.org/doi/pdf/10.2519/jospt.2016.6379, dostęp 20.12.2022.

- Hawkins D. R., *Siła czy moc. Ukryte determinanty ludzkiego zachowania*, tłum. K. Dumińska, 2016, Warszawa: Virgo.
- Hawkins D. R., *Technika uwalniania. Podręcznik rozwijania świadomości*, tłum. A. Rutkowska, 2013, Warszawa: Virgo.
- Jośko-Ochojska J., Ochojski A., *Rozmowy przy kawie o stresie, lęku i traumie*, 2019, Rybnik: Rozmowy.
- Jośko-Ochojska J., Ochojski A., Sell J., *Więcej nadziei. O raku, stresie i nowych szansach*, 2022, Rybnik: Rozmowy.
- Juul J., *Twoje kompetentne dziecko. Dlaczego powinniśmy traktować dzieci poważniej?*, tłum. B. Baczyńska, B. Hellman, 2015, Podkowa Leśna: MIND.
- Karpman S., *A Game Free Life. The definitive book on the Drama Triangle and Compassion Triangle by the originator and author. The new transactional analysis of intimacy, openness, and happiness*, 2014, San Francisco: Drama Triangle Publications.
- Lazarus R. S., *The cognition-emotion debate: A bit of history*, 1999, w: T. Dalgleish, M. Power (red.), Handbook of cognition and emotion (s. 3-19). New York: Wiley.

- Loewe K., Moćko N., *Dwujęzyczność, wielojęzyczność i wielokulturowość. Edukacja i globalizacja*, 47-60, 2017, Katowice: Uniwersytet Śląski w Katowicach, Niezdrowice: Komlogo.
- Porges S.W, Dana D, *Clinical Applications of the Polyvagal Theory: The Emergence of Polyvagal-Informed Therapies*, 2018 Nowy Jork: WW Norton.
- Porges S.W., *Polyvagal Safety: Attachment, Communication and Self-Regulation*, 2021, Nowy Jork: WW Norton.
- Porges S.W., *Teoria poliwagalna. Przewodnik*, tłum. A. Gomola, 2020, Kraków: Wydawnictwo Uniwersytetu Jagiellońskiego.
- Porges S.W., *The Polyvagal Theory: Neurophysiological Foundations of Emotions, Attachment, Communication, and Self-regulation*, 2011, Nowy Jork: WW Norton.
- Renaud G., *Recall Healing. Totalna Biologia. Uzdrawianie przez świadomość. Biologiczne i emocjonalne znaczenie chorób i zachowań*. Leksykon, 2014, Poznań: Wena.
- Rosenthal R., Jacobson L., *Pygmalion In The Classroom: Teacher Expectation and Pupils' Intellectual Development*, 1968, Nowy Jork: Holt, Rinehart and Winston.
- Sinielnikow W., *Siła zamiaru*, tłum. J. Liszczuk, 2010, Kalisz: Media i Rynek.

- Sinielnikow W., *Tajemnice podświadomości*, 2008, Kalisz: Media i Rynek.
- Stanulewicz D., Janczukowicz K., Rocławska-Daniluk M. *Language Education*, 2017 Berlin, Niemcy: Peter Lang Verlag, 10.3726/978-3-653-05195-7, dostęp 15.11.2023.
- Szramek-Karcz S. *Kocham siebie, kocham ludzi, kocham świat. Teoria Poliwagalna stosowana*, 2023, Tarnowskie Góry.
- Szramek-Karcz S., *Centrum Wielojęzyczności oparte na dobrej motywacji*, w: Kuros-Kowalska K.
- Szramek-Karcz S., *Zaakceptuj siebie*, 2021, Tarnowskie Góry.
- Wason P.C., J.ST.B.T. Evans, *Dual processes in reasoning?*, 141-154, 1974, Cognition, https://doi.org/10.1016/0010-0277(74)90017-1, dostęp 15.11.2023.

NASZA SERIA KSIĄŻEK
I SPOKOJNYCH PLANERÓW

ZAAKCEPTUJ SIEBIE

Książka papierowa, audiobook z dygresjami czytany przez autorkę, ebook
Wersja angielska: **Accept yourself**

Książka *Zaakceptuj siebie* w wersji papierowej, elektronicznej (ebook) lub do słuchania (audiobook) jest naszym bestsellerem, który ma już spore grono swoich sympatyków. Ta *Osobista książka z ćwiczeniami*, przeznaczona do minimum trzykrotnej lektury, otwiera oczy i serce na prawdziwą wolność, którą daje AKCEPTACJA, pozwala wrzucić kolejny bieg, uruchamia do działania, uwalniając od obciążających wspomnień, urazów i nieporozumień. Polecamy zestaw do czytania i do słuchania, by przekazane w książce treści i ćwiczenia wykorzystać optymalnie.

ODKRYJ SIEBIE

Książka papierowa, audiobook z dygresjami czytany przez autorkę, ebook

Dzięki tej książce zyskasz czas i pieniądze. Druga z serii *Osobistych książek z ćwiczeniami* zgłębia temat poczucia własnej wartości, swoich mocnych stron i zasobów, odkrycia kolejnych wewnętrznych skarbów, o których teraz może nawet nie masz pojęcia. Z kolei jeszcze większy spokój i jeszcze większa wiara we własne możliwości może pozytywnie wpłynąć na Twoje finanse.

MYŚLI W CIELE

Książka papierowa, audiobook z dygresjami czytany przez autorkę, ebook

Osobista książka z ćwiczeniami, która pomaga zrozumieć, jak duży mamy wpływ na funkcjonowanie naszego ciała dzięki opanowaniu sztuki zdrowego myślenia. Badania naukowe przywołane w niej pokazują, że psychologia i fizjologia są nierozerwalnie połączone.

KOCHAM SIEBIE, KOCHAM LUDZI, KOCHAM ŚWIAT. TEORIA POLIWAGALNA STOSOWANA

Książka papierowa, audiobook z dygresjami czytany przez autorkę, ebook

Ostatnia z serii *Osobistych książek z ćwiczeniami*, tym razem oparta na teorii poliwagalnej profesora Stephena W. Porgesa. Tytułowa afirmacja *Kocham siebie, kocham ludzi, kocham świat* odmienia życie, stosunek do siebie i otoczenia, a to, jak pokazują badania, jest kluczowe dla długiego, zdrowego i szczęśliwego życia. Książka w przystępny sposób, poprzez ćwiczenia, przedstawia sposoby regulacji funkcjonowania nerwu błędnego.

SPOKOJNY PLANER – 4 CZĘŚCI

Wersja angielska części pierwszej: **Peaceful Planner**

Spokojny Planer to cudowne narzędzie, które przynosi odmianę we wszystkich obszarach życia, zapewnia spokój umysłu, pozwala czerpać jeszcze więcej radości i satysfakcji z każdego dnia, poprawia funkcjonowanie całego organizmu, przywracając mu równowagę. Wystarczy kilka minut dziennie rano ze *Spokojnym Planerem*. Kolejne części wprowadzają w świat coraz głębszego i pełniejszego spokoju umysłu.

Przygodę ze *Spokojnym Planerem* można rozpocząć w każdej chwili, ponieważ nie jest on datowany. W prezencie do każdego *Planera* są przewidziane również jego wersje elektroniczne (ebook) oraz dźwiękowe (audiobook).

Książki dostępne na www.planetasoni.pl

Wszystkie tytuły tłumaczymy kolejno na język angielski: www.soniasplanet.com

Każda myśl ma znaczenie
jest kosztem albo inwestycją.